SCORPIO

Jana Haas

Das Seelenhören

Innere Stärke in herausfordernden Zeiten

SCORPIO

Liebe Leserin und lieber Leser,
alle Inhalte dieses Buches wurden gewissenhaft erstellt und sorgfältig geprüft,
die Übungsanleitungen und Vorschläge haben sich in der Praxis bewährt.
Danke, dass Sie in eigener Verantwortung prüfen, inwieweit Sie die Anregungen
umsetzen möchten. Eine Haftung für die Resultate vonseiten der Autorin
bzw. des Verlags und seiner Beauftragten ist ausgeschlossen.

2. Auflage 2019 Originalausgabe
© 2019 Scorpio Verlag GmbH & Co. KG, München
Umschlaggestaltung: Guter Punkt, München
Lektorat: Mihrican Özdem, Landau
Layout und Satz: Robert Gigler, München
Gesetzt aus der Sabon und der Be Bright
Druck und Bindung: Pustet, Regensburg
ISBN 978-3-95550-227-0
www.scorpio-verlag.de
www.trinity-verlag.de

Inhalt

Danksagung

Ich bedanke mich bei meinem kürzlich verstorbenen Freund Alex, der mir nach seinem Ableben aus den jenseitigen Welten eine wertvolle Unterstützung und Begleitung beim Verfassen dieses Buches war.

Er war zeitlebens starker Raucher und verstarb 60-jährig an einem Herzinfarkt.

Nachdem ich ihm helfen konnte, sich in seiner neuen Heimat, den geistigen Welten, zurechtzufinden, sagte er mir, wenn er die Zeit zurückdrehen könnte, würde er mehr auf seine Gesundheit achten!

Ich möchte hier an dieser Stelle, als Einstieg in das Buch, einige seiner prägnanten Aussagen wiedergeben:

> Hier im Jenseits ist alles so vollkommen anders, dass wir es uns aus Sicht der irdischen Welt kaum vorstellen können.
> Es kommt auch im Jenseits, wie schon im Diesseits, immer auf uns selbst an, auf unsere mentale Einstellung außerhalb unserer Konditionierung.
> Die Liebe in uns muss so grenzenlos sein, um über allen erworbenen Glaubenssätzen und Blockaden zu stehen!

Er selbst ist irritiert von der Erkenntnis, wie verschwindend wenig er von den ursprünglich im Seelenplan vorgenommenen Schritten in der vergangenen Inkarnation umsetzen konnte. Und er kann erkennen, dass dies in den vorangegangenen Leben auch so war. Den Grund dafür sieht er in der blockierten Liebe zu sich und seinen Mitmenschen. Er erkennt, dass es eine unterschwellige Angst und schüchterne Zurückhaltung war, die ihn daran hinderte, dass er sich mehr in Liebe dem Leben und den Mitmenschen öffnen konnte. Aus der jenseitigen Betrachtung seien jedoch diese Ängste geradezu banal. Er sagt: »Ich wünschte, ich hätte mir zeitlebens viel mehr zugetraut!«

Er kann nun erkennen, dass die gesamte Menschheit unter einer solchen blockierenden Glocke steckt, und er möchte an uns alle appellieren, uns davon freizumachen, verstärkt die Liebe im Herzen zu tragen und unsere Mitmenschen auf der ganzen Welt liebevoll als unsere Brüder und Schwestern zu akzeptieren. Dann wird die Menschheit glücklicher, lichtvoller und liebevoller, und der Schritt in ein neues friedvolles Zeitalter wird schneller vollzogen.

Dies ist ein dringender und wichtiger Apell einer Seele aus dem Jenseits, die, wieder frei von Raum und Zeit, das Davor und Danach erkennt!

Vorwort

Dies ist ein spirituelles Buch über das in unserer schnelllebigen Zeit so oft vernachlässigte Herzempfinden und über eine lichtvolle Wandlung durch das Seelenhören, also durch das Lauschen auf unsere Seele. Wir können über unsere Seelenkraft und die Rückbesinnung auf unseren Seelenplan zu wahrer innerer Freiheit finden und den lichtvollen Seelenweg gehen. Wie erreichen uns die passenden innovativen Ideen, und wie können wir erkennen, dass wir uns für die richtige Lösung entscheiden? Unsere Intuition ist uns dabei ein guter Wegweiser. Wir empfangen sie über unser Herz und gelangen so zu Weisheit jenseits unserer Logik und zum verborgenen Wissen unseres Unterbewusstseins.

Die geheimnisvolle Kraft unserer Seele beeinflusst uns mehr als wir ahnen. Für C. G. Jung war die Intuition, neben dem Denken, Fühlen und Empfinden, eine der vier psychologischen Grundfunktionen. Und Dr. Roberto Assagioli, der Begründer der Psychosynthese, schrieb Folgendes: »Ich habe einen Körper, aber ich bin nicht mein Körper. Ich habe Gefühle, aber ich bin nicht meine Gefühle. Ich habe Wünsche, aber ich bin nicht meine Wünsche. Ich habe einen Geist, aber ich bin nicht mein Geist. Ich bin ein Zentrum aus reinem Bewusstsein.«

So will das Buch aufzeigen, dass unsere Existenz und unsere Realität nur ein schmaler Ausschnitt aus einer viel größeren Wirklichkeit eines holistischen Universums sind. Es gilt den festgefahrenen und pragmatischen Materialismusglauben zu überwinden und den nächsten Schritt der Bewusstwerdung zu gehen, dass Bewusstsein die Basis jeder Existenz darstellt und nicht wie bisher angenommen Materie.

Es geht darum, einen Zugang zu einem großen Wissen über den Sinn und die Zusammenhänge der Schöpfung zu erlangen, um so über unsere Seelenkraft zu wahrer innerer Freiheit zu kommen und einen lichtvollen Seelenweg zu gehen. Das Buch beschreibt die Sanftheit und gleichzeitig die mächtige Kraft unserer Seele und das Erwecken unserer schlummernden Kraftquelle in uns. Es wird komplettiert durch passende Anleitungen und Meditationen.

So soll das Buch dich, liebe Leserin, oder dich, lieben Leser, dabei unterstützen, die himmlischen Welten besser zu verstehen, den Sinn unseres Seins und die kosmischen Zusammenhänge zu verinnerlichen. Vor allem gilt es, als Kern unseres Wesens unsere unsterbliche Seele als den wichtigsten, aber meist vernachlässigten Anteil in uns zu erkennen. Denn nur so gelangen wir zur Erkenntnis, dass der irdische Tod nicht das Ende ist, sondern eine Auferstehung im Jenseits erfolgt, und nur so können wir die Angst vor dem Tod, vor einem endgültigen Ausgelöschtsein verlieren. Es geht auch darum, das Wesen und die daraus im Leben resultierenden Ursachen der Seele, also den Sinn und das

Zustandekommen des Seelenplans zu verstehen und dabei zu begreifen, dass die Seele ewiglich und unsterblich ist.

Es sind ausschließlich die Qualitäten der Seele, die uns berühren, erfüllen und glücklich machen. Alle anderen Erlebnisse sind von kurzer Dauer und schmeicheln nur dem Ego.

Liebe, Glück, Erfolg und viele andere lichtvolle Eigenschaften werden wir erleben, wenn es uns gelingt, die Seelenqualitäten in alle Ereignisse miteinfließen zu lassen. Und wenn wir aufhören, alles zu bewerten, und beginnen, uns und unseren Mitmenschen unsere Individualität, also auch das Anderssein zuzugestehen und zu akzeptieren, dass jeder seine eigene Sicht auf die Dinge hat.

Ich möchte mit diesem Buch dazu beitragen, dass du Vertrauen in die Schöpfung und Erkenntnisse über Zusammenhänge im Leben und den Sinn des Lebens erlangst. Das Wissen über die Macht unserer seelischen Qualitäten und über die Unsterblichkeit unserer Seele befähigt uns, die unterschwellige und hemmende Angst vor dem Sterben zu verlieren, die uns in unserer Lebensqualität, unserer Freiheit und in den Entscheidungen stark einschränken kann. Nur wenn die liebevolle Selbsterkenntnis größer ist als der Zweifel, dann sind wir uns der Kraft unserer Seele bewusst, dann sind wir in uns angekommen und in unserer Trinität von Körper, Seele und Geist vollständig. Wir können dann unsere Gefühlskompetenz schärfen, Freiheit und großartige Erfolge auf allen Ebenen erreichen, sei es im persönlichen Glück oder im beruflichen Erfolg. Unser Leben wird reicher, wenn wir unseren wahrhaftigen Gefühlen folgen, die aus der Tiefe unserer Seele stammen, denn dann sind wir liebevolles

Bewusstsein, und dann können Wunder geschehen und Ziele wahr werden. Dann werden wir zum Schöpfer eines lichtvollen Schicksals!

Einleitung

Die Ausrichtung auf eine liebevolle Lebensphilosophie lässt unsere Seele erstrahlen und das Leben in Liebe gestalten, denn wir sind im wahren Kern unseres Wesens geistig leuchtend und spirituell. Spiritualität ist die geistige Verbindung mit dem Höheren, mit dem Übersinnlichen, die Ausrichtung auf das Göttliche. Sie ist im tiefen unerschütterlichen Glauben an das Gute im Menschen begründet und ist eine geistig-seelische Orientierung und Lebenspraxis. Die Spiritualität befasst sich mit Sinn- und Wertfragen des Daseins, mit der eigenen Existenz und Selbstverwirklichung im Leben, mit dem göttlichen Sein und der höchsten Wirklichkeit unseres Lebens.

Ich schreibe dieses Buch, damit du dir deiner göttlichen Seele und deines Lebenssinns bewusst wirst, um deinem Leben eine lichtvolle Richtung zu geben und einem sinnerfüllten Lebensweg folgen zu können. Die Erkenntnisse über unsere göttliche Natur sollen dir helfen, deine Ängste im Leben zu überwinden, denn die Angst vor dem Leben ist letztendlich die Angst vor dem Tod. Die Gewissheit, dass es für unsere Seelen immer weitergeht, macht uns frei und schöpferisch.

Viele Fragen schwirren durch unseren Kopf und sorgen für Verwirrung. In unserer schnelllebigen und digitalisierten Zeit ist es heute eine Kunst, sich auf das Wesentliche und Einfache konzentrieren zu können. Doch genau darin finden wir unsere Zufriedenheit und unser Glück. In allen Lebensphasen geht es um die Fragen: Wer bin ich? Wo sind meine Stärken? Was treibt mich an? Frei nach Schopenhauer: »Das Glück ist sehr schwer in uns zu finden und unmöglich woanders.« So wird sich der spirituelle Blick eines Sinnsuchenden immer nach innen richten. Bei uns allen geht es um die Ur-Themen: Angst, Liebe und Entwicklung. Da schließt sich unser Lebenssinn an, welcher die geistige Anbindung, den starken Herzensbezug und einen klaren Geist benötigt. Diese spirituelle, philosophische und psychologische Auseinandersetzung mit uns selbst stärkt unser Inneres. Wie wichtig das ist, zeigt eine Studie der Krankenkasse DAK. Laut dieser hat sich die Anzahl psychischer Erkrankungen in den letzten 20 Jahren verdreifacht: Depressionen sind die dritthäufigste Diagnose bei Arbeitsunfähigkeit. Diese seelischen Belastungen beginnen sehr früh. 43 Prozent der Schüler in den Klassen 5 bis 10 geben an, sich überfordert zu fühlen. Die Menschen spüren sich selbst nicht mehr, sind ihren Gefühlen, sind ihrer Seele und damit ihren wahren Bedürfnissen und Talenten nicht mehr nah. Der Blick eines modernen Menschen geht überwiegend nach außen, in die Materie, in die digitale Welt, und er verliert seinen inneren Halt, indem sein Selbstwertgefühl immer mehr von äußeren Faktoren abhängig wird, wie materiellem Besitz, den Likes in den sozialen Netzwerken und anderen Aktivitäten.

So sollten wir uns selbst befähigen, uns zu hinterfragen und die flüchtigen Glücksgefühle, die durch oberflächliche Beschäftigung erzeugt werden, von echtem Glück unterscheiden lernen. Dann nehmen wir umso mehr unsere Seele, das heißt unsere Bestimmung, wahr. So sind glückliche Menschen, die in sich ruhen, um 31 Prozent produktiver. Denn sie bringen sich mit ihren Ideen und Talenten ein und vollziehen ihre Entscheidungen und Projekte konsequent.

Je mehr wir uns selbst in unseren Gefühlen, in unserer Seele wahrnehmen und lieben, umso mehr nehmen wir auch andere Menschen wertschätzend wahr, und die Qualität unseres Lebens, unserer Kompetenzen sowie unserer Beziehungen erhöht sich. So reden wir im Alltag mehr miteinander, wobei wir uns gegenseitig in die Augen schauen und nicht aneinander vorbei. Denn der Blick in die Augen offenbart unsere Seele und die Wahrheit hinter den Worten. Gerade durch echte, also analoge soziale Kontakte nimmt sich die Seele wahr, kann sich in diesen Lebenserfahrungen, in diesen Beziehungen reflektieren, kann reifen und wachsen. Das Soziale, das Füreinander-Dasein ist das Heilige. Ein liebevoller Umgang miteinander gibt uns ein liebevolleres Lebensgefühl voller Stärke, Visionen und Entscheidungen. Eine liebevolle Lebensphilosophie, eine liebevolle Ausrichtung auf eigene Gefühle und ein liebevoller Blick auf das Leben fördern innere Stabilität und geben sinnvolle Orientierung.

Wir sollten stets präsent sein, in uns fest verankert. Wir sollten unser Leben bewusst leben und auskosten. Sonst laufen wir Gefahr, dass wir die Erfahrung machen müssen, dass der Tod nicht der größte Verlust unseres Lebens ist, sondern der größte Verlust ist das, was in uns stirbt, während wir unachtsam leben. Denn wir ernten, was wir säen, und wir erschaffen unser Leben durch Aktivität und nicht, indem wir es absitzen, während wir auf die Bildschirme starren, ohne uns wahrzunehmen.

Unsere Reise auf Erden ist nicht unendlich, sie kann jeden Tag vorbei sein. Achtsam seinen Seelenweg zu gehen, beinhaltet eine Auseinandersetzung mit der körperlichen Vergänglichkeit und der seelischen Unendlichkeit. Wir sollten uns mit unserem unterschwellig stets vorhandenen Unbehagen bezüglich des Themas »Tod« aus der Sicht unserer lichtvollen, liebevollen und unsterblichen Seele auseinandersetzen. Aus dieser Sicht werden wir den Tod akzeptieren und das Thema wird uns nicht psychisch belasten. Es sollte uns bewusst werden, dass die Seele inkarniert, um sich auf Erden wahrzunehmen und sich darüber zu entwickeln. Denn ohne den Körper kann sich die Seele nicht erfahren und nicht handeln. So können wir stets feststellen, dass wir durch die eigene Veränderung wachsen. Eine liebevolle Lebensphilosophie und spirituelle Ausrichtung, Perspektivenwechsel, Selbstliebe und Selbsterkenntnis helfen uns dabei. Dann erkennen wir in allen Lebenslagen, dass wir durch unsere innere Haltung unser Leben selbst bestimmen. Denn alles im Universum ist miteinander verbunden, wir sind ein Teil des Ganzen. Über unsere Energie sind wir mit der Schwingung des gesamten Universums verbunden.

Mag dieses Buch dich auch dabei unterstützen, in deiner liebevollen Selbsterkenntnis und innerer Freiheit geduldig immer einen Schritt nach dem anderen zu machen. Denn jede Seele ist in der Liebe zu Hause und jede Seele braucht Ruhe, Liebe, Freiheit und Frieden zu ihrer Entfaltung!

Je mehr wir uns alle als göttliche, unsterbliche Seelen erkennen und so fühlen, umso mehr verändert sich unser Blickwinkel auf unsere gesamte Welt und auf unser eigenes Leben. Umso mehr erwacht unser Bewusstsein, leben wir liebevolle Werte und ein Leben vom Herzen, und umso mehr erreichen uns innovative Ideen und lichtvolle Lösungen zu allen Lebensfragen. Ein erhöhtes Bewusstsein ermöglicht ein breiteres Blickfeld voller Klarheit und Mitgefühl. Umso mehr handeln wir verantwortungsbewusst und verbindlich und sind gleichzeitig gelassener und ruhiger. Wir nehmen dann die Dinge weniger persönlich, sondern verstehen und handeln konsequent.

Eine neutrale innere Haltung, die Fähigkeit, sich in seinem Ego zurückzunehmen und das Leben geschehen zu lassen, zeigt unser wahres Inneres. So können wir lernen, konstruktiv mit den Lebensumständen umzugehen, und wir können verstehen, dass unsere persönlichen Verstrickungen, die alten Geschichten, die uns beschäftigen, sich solange wiederholen, bis wir daraus lernen. Wir sind dann fähig, in unserer Selbstbestimmtheit uns bewusst mit unserer göttlichen Quelle, mit der lichtvollen geistigen Welt zu verbinden, uns aufzurichten und niemals zu verzagen, sondern an uns zu glauben. Aus einem erhöhten Bewusstsein und emotionaler Intelligenz wissen wir, dass wir nicht unsere Vergangenheit sind und auch nicht unsere Zukunft, sondern unsere absolute Gegenwart. Wir können durchatmen und wieder ankommen, im Jetzt, in liebevoller Achtsamkeit, im eigenen liebevollen Herzen. Denn die höchste Erkenntnis ist stets die Liebe; sie ist erhöhtes Bewusstsein der Gegenwartspräsenz. Aus göttlichem Bewusstsein heraus erkennen wir das Wesentliche. Und das Wesentliche ist der Moment, denn der Moment ist alles, was wir haben. Da befinden wir uns in Frieden.

So belohnt uns die spirituelle Entwicklung und spirituelle Erfahrung mit Selbsterkenntnis und mit Selbstliebe, mit tiefem Frieden, mit dem Jetzt. Sodass wir auf unserem Lebensweg die Erfahrung machen, dass diese größte Belohnung die meiste Geduld erfordert und damit keine Lebenserfahrung unnötig war, sondern uns in unserem liebevollen göttlichen Bewusstsein reifen und wachsen ließ. Dann gibt es kein Hadern mit dem Schicksal, sondern Verstehen und Sein. Je mehr wir dem Leben mit Wertschätzung begegnen, umso mehr werden wir auch die Schönheit des Lebens und seine Fülle begreifen. Wir sind dann mit der göttlichen Quelle in Einheit, wir stehen im Licht, wir leuchten von innen, und wir sind sanft, aber auch gleichzeitig stark. Wir können jederzeit damit anfangen und Freude und Kraft wiedererlangen, indem wir vertrauensvoll, aufrichtig, liebend und mutig das werden, was wir wirklich in unserer göttlichen Natur sind. Denn wo Liebe wächst, gedeiht die Seele, gedeiht das Leben. Wenn die Liebe stärker ist als die Angst, leben wir unser Seelenpotenzial!

Die unsterbliche Seele

Stelle dich stets ins Licht, achte auf liebevolle Gedanken,
Gefühle und auf einen liebevollen, tiefen Atem.
Dann bist du verbunden mit der lichtvollen geistigen Welt,
und das ist der beste Schutz. Versuche stets, in folgendem
Bewusstsein zu leben: »*Göttliche Liebe erfüllt meine Seele,*
alles andere lasse ich los, alles andere lasse ich gehen.«
Und spüre dabei die göttliche Liebe in dir, diese tiefe friedvolle
Geborgenheit. Möge Liebe dich begleiten.

Die Seele inkarniert

Die Seele ist der Grund, warum ein Mensch lebt. Jeder Mensch ist im Kern lichtvoll, jede Seele ist Liebe. Keine Seele ist je verloren und keine Seele wird jemals ausgelöscht sein. Kein strafender Gott wird uns jemals richten und kein »jüngstes Gericht« uns verurteilen. Alles spielt sich ausschließlich in uns selbst ab, wir selbst müssen und werden uns erlösen, indem wir achtsam unser Leben reflektieren und vorhandene Schatten mittels Liebe in Licht verwandeln. Ob dies in unserem Erdenleben erfolgt, was uns ein befreites und erfülltes Leben in Liebe, Erfolg und Zuversicht beschert, oder erst nach dem Ableben, geschieht nach unserem eigenen freien Willen. Jeder ist für sich selbst verantwortlich. Jede Seele ist göttlichen Ursprungs und in der Liebe zu Hause. Sie bleibt stets mit ihrer himmlischen Heimat verbunden, auch wenn dies der Mensch oftmals nicht bewusst wahrnimmt. Wenn wir uns auf die geistige Anbindung einlassen, so wird uns das kosmische Wissen, die Weisheit und Wahrheit zur Verfügung stehen, und wir werden großartige und wichtige Inspirationen erfahren, die wir in unseren Alltag integrieren können. Das Leben lässt sich so spürbar erfüllter, leichter und lichtvoller gestalten.

Der Mensch ist ein geistiges Wesen, das in all den Inkarnationen irdische Erfahrungen sammelt. Es ist ein gegebener Prozess, dass wir zur Entwicklung unserer Seelenkraft immer wieder auf der Erde inkarnieren, um uns in einem Körper und mithilfe der Geisteskraft zu stärken und uns in liebe- und lichtvollem Umgang mit den Mitmenschen zu üben. Dies bedeutet, zu erleben, zu lieben, sich einzurichten und sich auseinanderzusetzen in der Materie, in der Polarität, in Raum und Zeit. Dann folgt wieder das Loslassen, das Reflektieren, das Verstehen und Aufarbeiten in der geistigen Welt und der Aufstieg ins Licht.

Die Seele will sich stets entfalten und strebt nach Freiheit und Leichtigkeit im Diesseits wie im Jenseits. Je leichter und freier sie sich in einem irdischen Körper fühlt, umso leichter wird ihr das Loslassen des irdischen Lebens und das Sich-Zurechtfinden in den geistigen Welten fallen. Die Seele entwickelt sich von Inkarnation zu Inkarnation immer weiter hin zur gottähnlichen All-Liebe. Im Jenseits hat sie keinen Körper und keinen Geist mehr zur Verfügung. Auch wenn sie dort das schönste Lichtlein ist, sie kann sich nicht wahrnehmen. Für die Wahrnehmung braucht sie einen Körper, den Geist und die Auseinandersetzung in der Materie, in Raum und Zeit, also wird sie für diese Erfahrungen immer wieder inkarnieren.

Es ist sehr wichtig, dass wir verstehen, dass alles seinen Sinn hat und von göttlicher Kraft perfekt eingerichtet ist. Es könnte ohne irdischen Tod weder eine Entwicklung der Seele im Jenseits stattfinden noch auf der Erde. Stellen wir uns nur einmal unsere Welt vor, wenn alle Despoten ewig machtvoll und im Irdischen unsterblich wären. Es gäbe überhaupt kein Entwicklungspotenzial.

Wir sollten stets auf ein hoffnungsvolles Gedankengut achten und die Angst vor dem Tod, der in Wirklichkeit lediglich einen Übergang in eine andere Bewusstseinsebene darstellt, in Liebe, Hoffnung und die Erkenntnis umwandeln. Wir sollten wissen, dass es immer lichtvoll für uns weitergeht. Wir müssen nur auf den Prozess des ewigen Lebens vertrauen.

Leider ist in unserer Kultur durch alte religiöse Prägungen der Tod mit vielen Ängsten besetzt. Diese sind durch Unwissen und falsche Interpretationen entstanden. Schon die Vorstellung von Hölle, Teufel und Fegefeuer macht den Menschen Angst, ohne dass sie wirklich wissen, um was es sich dabei handelt. Diese Themen habe ich in meinem Buch »Jenseitige Welten« ausführlich beschrieben. Diese Ängste lassen sich mit mehr Wissen und Weisheit entkräften, was wiederum zu mehr Vertrauen,

Liebe und Leichtigkeit im Leben führt. Mache dich auf die Suche nach deiner eigenen Wahrheit, so lassen sich deine vorherrschenden Gedanken und Konditionierungen erkennen und die unterschwelligen, stets vorhandenen Ängste vor dem Tod, vor einem scheinbaren und unabwendbaren Ausgelöscht-Sein lichtvoll in Liebe und Vertrauen zu Gott verwandeln.

Wir sollten uns stets daran erinnern, dass der Weg zur Seele über Ruhe, Stille und Meditation führt, über die Natur und Freude, über ein konsequentes »Ja« zu sich selbst, über die Selbstbestimmung. Ich hoffe, dass dir dieses Buch dabei eine Unterstützung sein kann.

Alles ist mit allem verbunden

Sei dir deiner himmlischen Heimat in allen Lebenslagen
bewusst. Wenn du erschöpft bist, halte inne und gib
deiner Seele Raum. Gehe liebevoll, freundlich und nachsichtig
mit dir um, und spüre bewusst deine liebevolle himmlische
Verbundenheit. In diesem erhöhten Bewusstsein erkennst
du plötzlich den lichtvollen Sinn, und du lernst aus
allen Wandlungen des Lebens und gedeihst.
Die himmlische Kraft ist bei dir.

Jede Keimzelle trägt einen vollkommenen Plan für ihre Entwicklung in sich. Es gibt einen perfekten Bauplan für Funktion und Aussehen des Endprodukts, für Wachstum und Niedergang. Nun stellt sich die Frage, ob die Entstehung des Kosmos per

Zufall, also völlig ohne Plan, vonstattenging, wovon uns atheistische Wissenschaftler gern überzeugen wollen, oder ob am Anfang bereits der komplette Plan für die Entstehung des Kosmos vorhanden war, nach welchem sich das Universum im Laufe von Milliarden Jahren entwickelte. Dann entspräche es der göttlichen Schöpfung. Atheisten glauben, es explodierte etwas sehr Kleines rein zufällig mit einer gigantischen Wucht. Diese Urknalltheorie ist die heute am meisten verbreitete wissenschaftliche Meinung. Die Frage aber bleibt: Geschah es nach einem göttlichen Plan oder durch Zufall? Die perfekte Ordnung, nach der alles abläuft, würde eindeutig für eine Schöpfung sprechen, denn ich habe noch niemals nach Explosionen Ordnung vorgefunden, sondern immer nur Chaos.

Viele Forscher sagen, dass sich Wissenschaft und Religion nicht zwingend ausschließen. Sie zeigen lediglich verschiedene Perspektiven einer Wirklichkeit auf. Der Physiker Max Planck sagte einst:»Wohin und wieweit wir also blicken mögen, zwischen Religion und Naturwissenschaft finden wir nirgends einen Widerspruch, wohl aber gerade in den entscheidenden Punkten volle Übereinstimmung. Religion und Naturwissenschaft schließen sich nicht aus, wie heutzutage manche glauben und fürchten, sondern sie ergänzen und bedingen einander. Gott steht für den Gläubigen am Anfang, für den Physiker am Ende allen Denkens.«

Grundlage der Urknalltheorie sind die experimentellen und theoretischen Methoden, die bis auf die sogenannte Planckzeit, also 0,0000000000000000000000000000000000000000001 Millisekunden (eine 0 mit 43 Stellen hinterm Komma) an den

Urknall herangehen. Bis zu diesem Zeitpunkt direkt nach dem Urknall gelten die bekannten physikalischen Gesetze. Davor liegt ein bislang unerforschtes Reich, also Ungewissheit. Was geschah also in dem Augenblick, an dem unser Universum geboren wurde? Die meisten Astrophysiker halten es nicht für möglich, bis an den Urknall heranzukommen, es gibt, zumindest bis jetzt, keine Möglichkeit, den Moment der Schöpfung zu untersuchen. Die tatsächliche Entstehung bleibt damit ein Rätsel. Nach der Urknalltheorie entstand die Welt vor 13,7 Milliarden Jahren durch eine Explosion eines unvorstellbar kleinen Punktes, der viel kleiner als ein Atomkern und extrem heiß war und eine unvorstellbar hohe Dichte besaß; nach dem Knall erfolgte die Ausdehnung schneller als die Lichtgeschwindigkeit. Die Energie verwandelte sich sofort, innerhalb der ersten Sekunde, in Elementarteilchen wie Elektronen, Protonen und Neutronen; gleich danach entstanden die ersten Atomkerne. Die Mehrzahl der Wissenschaftler ist der Meinung, dass dieser »Big Bang« die Geburt des Kosmos war und Raum und Zeit aus dem Nichts entstanden. Vielleicht war alles aber auch ganz anders.

Die Urknalltheorie ist nicht das einzige Modell über die Entstehung des Universums. Es gibt zum Beispiel auch die Theorie, dass das Universum ohne Anfang und ohne Ende ist. Den genauen Vorgang und den genauen Plan kennt wohl nur Gott.

Die moderne Physik beweist uns heute, dass das, was wir als Materie bezeichnen, letztendlich aus Nicht-Materie, also aus Energie aufgebaut ist. Wer die sichtbare Welt für etwas Absolutes hält, geht weit an der Wirklichkeit vorbei.

Wie kann nun die Materie (also auch wir Menschen) zu ihrer Form finden, wenn letztendlich alles nur aus Energie besteht? Dies geschieht nur deshalb, weil alles beseelt ist und hinter allem ein Geist steht. Ohne diese geistige Beseelung könnte die sichtbare Materie nicht bestehen, denn nicht die vergängliche Materie ist die Realität, sondern der unsterbliche, nicht sichtbare Geist in allem, und so ist es letztendlich der Geist Gottes, der alles durchdringt.

Unmittelbar nach dem Urknall verwandelte sich die Energie also gleich zu Elementarteilchen. Es sind hier tatsächlich die Elektronen, die die geisttragenden Teilchen sind. Sie sind mit Gedankenenergien geladen. Wir Menschen sind somit über unsere Elektronen und Photonen (Lichtteilchen), welche eine riesige Informationsspeicherkapazität besitzen, grundsätzlich allzeit mit allem geistigen Wissen verbunden. Doch um aus dem kosmischen Wissen Nutzen zu ziehen, müssen wir die geistige Anbindung herstellen.

Alle stoffliche Materie, also auch unser Körper, besteht aus verdichteter Energie. Teilchen verlassen uns ständig und andere treten in unseren Verbund ein. Wohin die uns verlassenden Teilchen genau gehen und woher sie kommen, weiß niemand, außer Gott. Es ist aber eine Erklärung dafür, warum alles zusammenhängt und wir alle mit allem verbunden sind. Somit kommt es im gesamten Kosmos zu einem ständigen Energie- und Wissensaustausch. Die uns umgebende Energie ist in Form der Aura um unseren Körper herum noch sehr dicht und wird mit zunehmendem Abstand immer mehr ausgedünnt, ohne aber jemals an ein Ende zu gelangen. Jedes Elektron weiß vom Zustand eines jeden anderen Elektrons, und auch jedes Lichtteilchen weiß von der Existenz anderer Lichtteilchen, sie stehen ständig miteinander in Kommunikation.

Rupert Sheldrake spricht von einem »morphischen Feld«. Er erklärt, wie z. B. das Wissen durchgemachter Lernprozesse einer Tierspezies auf andere Tiere der gleichen Art übertragen wird, völlig unabhängig von der geographischen Entfernung. So geschieht es auch bei uns Menschen. Das Wissen wird rund um die Welt weitergegeben. So kann es geschehen, dass zeitnah an verschiedenen Orten gleiche Ideen oder Erfindungen auftauchen. Alles Wissen, was jemals gedacht wurde, ist als Information in diesem morphischen Feld abgespeichert und für jeden abrufbar.

Jeder von uns ist also ist ein Teil des Ganzen, und jeder von uns kann sich in das große Wissen einklinken. Möglich ist dies über das Seelenhören, also über das Lauschen auf die eigene Seele, und dies funktioniert über die meditative Ruhe der Gedanken, also die Stille in uns. Ein friedvoller Zustand ist förderlich, während aktives Denken hinderlich wirkt.

Die Seele entwickelt sich weiter

Möge deine Liebe auch deine Rückbesinnung sein.
Liebe zeigt sich auch in einem Zustand der
Entspannung und Zufriedenheit. Wir sollten vermehrt
lernen, aus der Freizeit Muse zu machen und
Genügsamkeit zu empfinden. Dann machen wir die
bewusstseinserweiternde Erfahrung, dass Anspannung
das ist, was du denkst, dass du sein solltest,
und dass Entspannung hingegen das ist, was du
wirklich bist – eine liebevolle Seele.

Seit Anbeginn der Menschheit besteht wohl die große Frage, was nach unserem Ableben auf Erden geschieht. Geht es danach weiter? Und wenn ja, wie, in welcher Form und wo? Der Glaube an ein Weiterleben nach dem Tod reicht vermutlich bereits bis in die Steinzeit zurück. An den Höhlenwänden fand man Symbole, welche diesen Schluss zulassen. Offenbar hat der Mensch von Anfang an gespürt, dass der physische Tod nicht das Ende darstellt, und es entstanden Vorstellungen von einer jenseitigen Welt, in der das Leben irgendwie weitergeht.

Im Laufe der Zeit verfestigte sich die Vorstellung, dass der Mensch über eine unsterbliche Seele verfügt. Die einen glaubten, dass das Jenseits liebe- und friedvoll ist. Die anderen glaubten, dass es auch die Hölle gibt. Die Bilder von den Aufenthaltsräumen der Seelen im Himmel entsprechen dabei den kulturellen und religiösen Vorstellungen der jeweiligen Glaubenswelt. Und das heißt: Wir finden und bekommen im Jenseits genau das, was wir im Diesseits erwarten.

Der Mensch hat ein Bewusstsein und ist sich also der Tatsache bewusst, dass er lebt. Er weiß somit aber auch, dass er altert und sein Leben irgendwann zu Ende gehen wird. Je mehr er sich gedanklich und finanziell in der Materie einrichtet, desto mehr wird er sich vor dem Tod ängstigen und desto stärker wird er jegliches Bewusstsein über den eigenen Tod zu verdrängen versuchen.

Doch die menschliche Seele ist unsterblich. Sie macht ihre Entwicklungsschritte abwechselnd im Diesseits und dann wieder im Jenseits. Befindet sich die Seele gerade im Jenseits und beschließt sie, für eine irdische Erfahrung wieder als Mensch auf der Erde zu inkarnieren, so wird sie im Jenseits, in der zeitlosen Unendlichkeit, sterben, um im Diesseits geboren zu werden. Sie tritt dann in einen menschlichen Körper ein und ist für eine gewisse Zeit an ihn gebunden.

Dieser Schritt geschieht allerdings vollkommen freiwillig, das Ende der körperlichen Daseinsform geschieht dagegen zwangsweise. Dann stirbt der Mensch im Diesseits, um im Jenseits als Seele wiedergeboren zu werden. Dieser Prozess wiederholt sich unzählige Leben lang.

Wenn eine Seele aus der jenseitigen Welt auf der Erde ankommt, dann befindet sie sich zunächst in einem hilflosen Körper und benötigt Zeit, um sich hier in der materiellen Welt zurechtzufinden. Ähnlich geht es auch einer Seele, die aus der materiellen Welt im Jenseits ankommt. Sie ist in der geistigen Welt zunächst desorientiert, weil sie aus einem Leben in einer strukturierten materiellen Welt nun wieder in die strukturlose und unendliche Welt gelangt.

In beiden Phasen des Übergangs wird die Seele besonders intensiv vom Schutzengel behütet und getragen. Der Unterschied besteht allerdings darin, dass die Seele bei ihrer Ankunft in der irdischen Welt ihren Schutzengel kennt und noch wahrnimmt. Nimmt die Seele allerdings den umgekehrten Weg, geht sie also nach dem irdischen Ableben in die geistige Welt über, so helfen ihr die auf Erden erlernten Orientierungsmöglichkeiten nicht mehr. Sie hat auf der Erde gelernt, viele Gegebenheiten mithilfe der Ratio zu betrachten und entsprechend Lösungen zu finden. Emotionale Verletzungen, die im Laufe des Lebens dazukamen, schwächten zunehmend das Urvertrauen, und das Leben wurde immer mehr vom Intellekt bestimmt. Über diesen sind aber weder der Schutzengel noch die geistige Welt wahrzunehmen. Die Seele muss wieder die emotionale Herzenssprache erlernen, die ihr bei ihrer Geburt auf der Erde noch zur Verfügung stand. Diese benötigen wir spätestens bei unserem Ableben. Je früher wir sie bereits auf Erden kultivieren, desto freier, vertrauensvoller, glücklicher, erfolgreicher und liebenswürdiger werden wir sein.

Wir sind immer von allem umgeben. Gott ist alles, Gott ist Schöpfer, Gott ist Liebe, und in Gott vereinen sich alle Gegensätze. Gott ist unendlich und teilt sich auf, und aus diesen Aufteilungen entstehen menschliche Seelen. Deshalb tragen wir den göttlichen Funken in uns. Gott ist Schöpfer, Gott hat uns erschaffen, und auch wir sind Schöpfer. Wir alle sind ein Teil Gottes, wir sind göttliche Wesen. Gott nimmt sich über die

Schöpfung wahr, wie auch wir Menschen uns nur über die Materie wahrnehmen können. Im Jenseits sind wir eine reine emotionale Seelenschwingung ohne die Möglichkeit der Selbstwahrnehmung. Deshalb müssen wir als geistige Wesen von Zeit zu Zeit irdische Erfahrungen machen, um uns wahrzunehmen, um an und mit den irdischen Erlebnissen zu wachsen, um uns von Inkarnation zu Inkarnation und von jenseitiger Erfahrung zu jenseitiger Erfahrung immer weiterzuentwickeln.

Da es im Jenseits keine Zeit gibt, ist die Seele unsterblich und unendlich. Deshalb findet auch ihre Entwicklung keinen Abschluss. Das höchste Ziel einer jeden menschlichen Seele ist es, sich immer weiter lichtvoll in Liebe zu entwickeln, um dem reinen göttlichen Zustand, ihrem eigentlichen Ursprung, wieder näherzukommen. Von Inkarnation zu Inkarnation können wir uns dem annähern, und dafür brauchen unsere Seelen die unendlich vielen Erdenleben. Auch im Jenseits bleibt unsere Seele als individuelle Substanz erhalten. Sie geht nicht wie ein Tropfen im Meer im Universum auf, sondern bleibt als Ganzes mit eigenem emotionalem Bewusstsein erhalten.

Bereits in der Antike sprachen die Menschen von der Seele als einer von den Göttern eingehauchten Lebenskraft. Für Platon war es das »rationale Wesen« des Menschen. Im Mittelalter suchten die christlichen Denker im Innern des Menschen nach Gott. Für den französischen Philosophen, Mathematiker und Naturwissenschaftler René Descartes (1596–1650), der als Begründer des modernen frühneuzeitlichen Rationalismus gilt, war die Seele die denkende Substanz, die unabhängig vom Körper existieren kann: »Ich denke, also bin ich.«

Im 18. Jahrhundert ersetzten die Philosophen den Begriff der Seele immer mehr durch Begriffe wie Bewusstsein und Selbst. Und ab dem 20. Jahrhundert will die Wissenschaft von einer Seele endgültig nichts mehr wissen. Aus Sicht der modernen Hirnforschung sind alle geistigen Phänomene nichts anderes als neurobiologische Prozesse.

Der Mensch ist jedoch ein beseeltes Wesen. Er ist nicht nur ein materieller Körper, sondern auch Seele und Geist. Alle diese Schwingungen sind göttliche Energien. Und der Geist ist eine übergeordnete Instanz, die beim Denken inneres Wissen und Klarheit schenkt. Der Geist bietet uns die Möglichkeit, durch sein Überbewusstsein den Kontakt zur Akasha-Chronik, einer geistigen Dimension, in der das gesamte kosmische Wissen vorhanden ist, aufrechtzuerhalten. Durch Klarheit der Gedanken können wir über das »universelle Hellwissen« verfügen, durch das Erkenntnisse und Inspirationen in uns einströmen. Jeder Mensch erlebt bewusst oder unbewusst diese Kraft, wenn er plötzlich Einfälle, Geistesblitze oder stimmiges inneres Wissen hat.

Der Lebenssinn

In der unmittelbaren Gegenwart zu sein, bedeutet,
im Licht und in Liebe zu sein. Wir sollten öfter
innehalten und dadurch immer wieder mit uns selbst
in Berührung kommen. Dann leuchtet unsere Seele
von innen heraus, und die Liebe, die wir dabei in uns
erleben, schenkt uns Kraft. So können wir
unseren Weg zuversichtlich gehen und wissen uns
von himmlischen Helfern begleitet.

Entwicklung in die All-Liebe
als Lebenssinn

Der Lebenssinn ist das Ziel einer Inkarnation, nämlich die fortlaufende Entwicklung in die überpersönliche All-Liebe, um sich selbst, Gott und der Schöpfung stets näherzukommen. Nach dieser Orientierung hat die Seele noch im Jenseits mit dem Schutzengel den »Seelenplan« für diese Inkarnation festgelegt. In unserer vornehmlich auf Leistung orientierten Gesellschaft herrscht jedoch der Trugschluss vor, dass der Mensch seinen Lebenssinn und seine Lebensaufgabe vor allem darin findet, eine Aufgabe im Außen zu erfüllen. Dabei sollte die Materie und somit das Außen nur ein Hilfsmittel für den inneren Ausdruck sein. Der wahre Lebenssinn liegt im inneren Befinden, weil die Seele durch unsere Gefühle einen Ausdruck braucht. Der Lebenssinn dient also vorrangig unserer liebevollen Seelenbefindlichkeit und der zu entwickelnden damit verbundenen Charaktereigenschaft, er liegt nicht in äußeren Erscheinungen wie Karriere zu machen oder Reichtum anzuhäufen. Dies ist eher eine Folge oder ein Mittel zum Zweck.

Wann immer wir diesem inneren Herzensruf folgen, finden wir auch einen heilsamen Ausdruck im Außen, sowohl im Privaten, wie auch im Beruflichen. Es lohnt sich also, den inneren Bedürfnissen zu folgen und sich zu hinterfragen und zu erkennen: Wofür bin ich auf dieser wunderbaren Erde, und wie gezielt bewege ich mich in meiner Entwicklung zur All-Liebe im Innen wie auch im Außen dorthin? Die licht- und liebevolle Verknüpfung der inneren und äußeren Lebensaufgabe führt zum erfüllten Leben. Wenn der Mensch dies als hauptsächliche Aufgabe und als wichtigsten Sinn des Lebens versteht, dann steht auch einer erfüllenden Aufgabe im Außen und einer beruflichen Karriere nichts im Weg. Dann kann sich alles in Liebe und unter himmlischer Führung zum Lichtvollen fügen.

Unsere Lebensaufgaben

Je mehr wir unsere Lebensaufgabe im Äußeren sehen,
z. B. darin, ein Buch zu schreiben oder eine Institution zu
gründen, umso unglücklicher werden wir. Solche irdischen
Aufgaben entstehen im Diesseits und dienen unserer
Selbstwahrnehmung, und wenn wir damit Gutes tun, dann
hinterlassen wir einen liebevollen Fußabdruck, wenn wir eines
Tages wieder gehen. Doch im Jenseits war keine Materie
zugegen, als wir uns unseren individuellen Seelenplan
vorgenommen haben. In den feingeistigen Sphären
existiert nur reine Emotio.

Unsere Lebensaufgaben sind also eher in der Emotionalität zu
finden. Es geht vorwiegend darum, uns aus der Resonanz auf
ängstliche Emotionen in die Liebe zu entwickeln, zu erstarken
und an Urvertrauen zu gewinnen. Dies geschieht durch innere
Reife. Aus dieser individuellen Resonanz heraus entstehen die
tatsächlichen Lebensaufgaben, welche ebenfalls einen tiefen
emotionalen Hintergrund haben. Der Entwicklungsweg der Seele führt über die Selbsterkenntnis und Werte wie Vergebung,
Vertrauen, Mut, Loslassen, um letztendlich frei zu sein für die
intensivste Form der bedingungslosen Liebe. Darin liegt unser
Lebenssinn.

Die Lebensaufgaben führen uns durch ethische Werte dorthin. Aus diesen emotionalen Aufgaben heraus werden dann Aufgaben im Außen angezogen. So gestaltet sich dann auch unser

Lebensweg. Das, was wir hier auf Erden tun, entsteht aus den Möglichkeiten, die uns in dieser Zeit gegeben sind, sowie aus unserer Resonanz und somit aus unserer Lebensphilosophie heraus. Deshalb erfahre ich immer wieder von den Engeln die Botschaft: »Ein wahrer Schüler Gottes lernt niemals aus, sondern fängt jeden Tag mit einer Offenheit an, mit einer liebevollen Ehrfurcht, mit tiefster Wertschätzung jedem und allem gegenüber und damit umarmt er seinen Tag.«

Wir sollten uns jeden Tag, auch in Schwermut oder in anderen belastenden Emotionen, fragen: »Wie will ich meinen Tag und somit mein Leben verbringen? In welcher inneren Haltung? In einer liebevollen oder eher ängstlichen?« Sich diese Fragen bewusst zu stellen, ist der erste Schritt zu mehr Selbstliebe und Eigenverantwortung. Durch diese bewussten Fragen nehmen wir Kontakt zu unserer Seele auf, nutzen unser Schöpferpotenzial und folgen unserem Herzen. Denn das, was wir aussenden, kommt auch auf uns zurück, weil nur wir in der Lage sind, uns zu erkennen und zu begreifen. Aus dieser Resonanz heraus gestalten wir unser Leben.

Selbstverständlich erfreue auch ich mich an großen Zielen im Außen, wie zum Beispiel am Aufbau unseres Kinderdorfes in Russland für geistig beeinträchtigte Kinder und Jugendliche sowie an der Ausrichtung von Seminaren oder am Schreiben eines neuen Buches. Ideen gehen mir niemals aus. Doch ich identifiziere mich nicht ausschließlich damit, sondern habe Freude daran. Ich definiere mich eher darüber, wie ich mich dabei fühle. Ob ich im Frieden bin mit dem, was ich tue, mit dem, wer ich bin, mit dem, was sein darf. Aus dieser Resonanz heraus gelingen mir dann mein Leben und meine Ziele auf eine Art und Weise, wie es sinn- und lichtvoll für meine Entwicklung, für meine Mitmenschen und für die Welt ist.

Mögen wir uns also in unserem Seelenbewusstsein auf liebevolle Werte fokussieren, unsere lichtvollen Ziele dabei stets vor Augen halten, doch den Weg dorthin spontan, flexibel und kreativ gestalten. Dabei sollten wir auch stets den »Mut zur Lücke« haben, denn keiner ist allwissend. Es gibt nicht den einen perfekten und richtigen Weg, sondern es gibt einfach den im jeweiligen Augenblick stimmigen Weg, der sich nach einer gewissen Zeit auch wandeln kann, abhängig von unserem Bewusstsein und unserer Entwicklung. So ist alles vollkommen.

Die Lebensaufgaben sind also nicht das Erreichen eines Zieles im Außen, sondern das Erreichen von positiven inneren Werten, von Erkenntnis, Vertrauen, Mut, Liebe und Loslassen etc. Diese inneren Eigenschaften gilt es im Leben zu stärken und zu entfalten. Sie stellen die Brücke zum Lebenssinn der All-Liebe dar.

Jede Seele hat sich im Seelenplan Lebensaufgaben vor ihrer Inkarnation auf dieser Erde vorgenommen. Die eine hat vielleicht mehr mit der Aufgabe der Vergebung zu tun, die andere mit dem inneren Vertrauen, je nachdem, welche Eigenschaften in diesem Erdenleben gestärkt werden sollen und der Entwicklung dienlich sind. Alle inneren Eigenschaften sind jedoch miteinander verknüpft und betreffen jeden Menschen.

Über die Schwerpunkte im vorgenommenen Seelenplan gestaltet sich der eigene Lebensweg innerhalb der Materie. Dieser entspricht der Umsetzung der Lebensaufgaben. Dazu gehören die Entscheidungen, die wir für die Schwerpunkte Familie, Beruf,

Gesundheit etc. treffen. Diese entstehen aus der inneren Resonanz und dienen der Lebenserfahrung, inneren Entfaltung und Selbstwahrnehmung.

Teilweise sind die Geschehnisse im Laufe des Lebens für die Entfaltung der inneren Lebensaufgaben in der eigenen Persönlichkeit bereits vor der Inkarnation angelegt worden. Die meisten Ereignisse entwickeln sich jedoch aus der momentanen Resonanz heraus. Wir müssen akzeptieren, dass in unserer schnelllebigen Zeit einige wenige Erfahrungen aus einem globalen Schicksal entstehen können und in unser individuelles Schicksal eingreifen. Je näher wir uns am Seelenplan und auf unserem vorgenommenen Lebensweg befinden, desto stärker werden sich Glück und Erfolg einstellen.

Begegnen wir allem in Liebe, wird Liebe auf uns zurückstrahlen. Gottes Liebe ist allgegenwärtig. Er liebt uns alle gleichermaßen, lieben auch wir aus Gottes Kraft. Traue dir zu, vertrauensvoll dein Herz zu öffnen, aus vollem Herzen zu lieben, dann wirst du in Ruhe und Frieden den lichtvollen Sinn des Lebens begreifen. Wenn wir voller Dankbarkeit durchs Leben gehen, dann fällt es uns leicht, mit Liebe, mit Sinnhaftigkeit erfüllt zu sein. Mit den Augen der Liebe findet alles seine lichtvolle Gestaltung und neuen Glanz.

Ob sich die Seele bei einer neuen Inkarnation über den neuen Seelenplan einen neuen Lebenssinn und neue Lebensaufgaben vornimmt, hängt von der bereits gemachten Entwicklung ab. Wenn sich z. B. die Seele im vorherigen Leben die Entwicklung zur Fähigkeit der Vergebung vorgenommen hat, diese Lebensaufgabe aber nicht erfüllt hat, so konnte sie dem Lebenssinn der

All-Liebe nicht wesentlich näherkommen. Somit wäre es nicht sinnvoll, sich für eine neue Inkarnation eine neue Lebensaufgabe vorzunehmen. In einer neuen Inkarnation wird diese Seele dann an der vorherigen Aufgabe, also der Fähigkeit der Vergebung, weiterarbeiten. Es kann nun allerdings passieren, dass das Schicksal dieses Menschen in dieser neuen Inkarnation dramatischer verläuft, damit er auf die Aufgaben, die es für ihn zu lösen gilt, intensiver aufmerksam gemacht wird und er sie nicht mehr übersehen oder vor ihnen weglaufen kann.

Ist diese Seele jedoch im vergangenen Leben an ihren vorgenommenen Aufgaben wirklich gewachsen und hat sie die Liebe in einer anderen Intensität erfahren, ist sie offen für die Erfahrung mit neuen Eigenschaften.

Der Lebensweg

Der Lebensweg lässt sich wesentlich leichter gestalten,
wenn wir erkennen können, welche Gaben und Aufgaben
wir in dieses Leben mitgebracht haben. Wir müssen
auch erkennen, dass die Ursache für alle Probleme und
ungelösten Fragen die Angst ist und die Lösungen
und Antworten in der Selbstliebe liegen.

Wir müssen uns also nicht in unzähligen Fragen verirren, sondern können unsere Energie zielgerichtet einsetzen. So erlangen wir einen Überblick über unser Leben, Verständnis für unsere Vergangenheit, leben achtsam in der Gegenwart und können lichtvoll unsere Zukunft gestalten. Jeder Schritt im Außen vollzieht sich auch im Inneren und umgekehrt. Leben wir also in Harmonie aus der tiefen Liebe zu uns selbst und mit allem, was ist, so lösen wir unsere Lebensaufgaben.

Wenn du von etwas überzeugt bist, dann gehe dem von ganzem Herzen nach. Durch neue Aufgaben entstehen neue Kräfte, die dich und deinen Charakter erst richtig stark machen und ihn aufrichtig werden lassen.

Tiefes unerschütterliches Vertrauen sollte neben Liebe und Hoffnung immer vorhanden sein, denn damit lässt sich vieles leichter bewältigen, als es vielleicht zunächst den Anschein hatte. Vertrauen wir also vermehrt uns selbst und der göttlichen Führung, wachsen an unseren Aufgaben und vertrauen allzeit auf eine lichtvolle Lösung mit Unterstützung der geistigen Welt. Wir werden immer die nötige Kraft haben, um etwas in der Welt zu bewegen und um selbst daran zu wachsen. Erkennen wir unsere große seelische Kraft, die vieles machbar macht.

Wir sollten in allem mehr Geduld üben und uns die nötige Zeit für die richtigen Entscheidungen zugestehen. Auch wenn wir voller Tatendrang sind, so kann es manchmal hilfreich sein, sich zurückzunehmen und auf sein Gefühl zu hören, denn oftmals geht es weniger darum, was es zu bewältigen gibt, als vielmehr darum, wie man seinen Geist, seine Seelenkräfte und seine physischen Kräfte am sinnvollsten einsetzt.

Du bist mittendrin in der Faszination Leben, nimm es bewusst von ganzem Herzen an, und erfreue dich daran. Freue dich auf die Zunahme der Lebenserfahrungen, vergib und lass Vergangenes los, dann kann sich das Licht in dir entfalten und deinen Lebensweg erhellen. Erkenne in allen Belangen die höchste Kraft des Lebens: die Liebe. Wenn du alle Ereignisse aus dieser Perspektive betrachtest, kannst du in allem das göttliche Licht spüren und dich lichtvoll auf deinem Lebensweg davon leiten lassen.

Dein Lebensweg ist dafür da, Ereignisse einer lichtvollen Lösung zuzuführen. Ein Leben aus dem Herzen bedeutet nicht unbedingt ein problemloses Leben, sondern ein lösungsorientiertes. Gefühle und Intuition wollen ausgelebt werden, damit wir uns lichtvoll und glücklich wahrnehmen können.

Stärke daher stets deine Achtsamkeit allem gegenüber, denn eine liebevolle Achtsamkeit ist ein guter Wegweiser und hilft dir im Alltag. Sie zeigt uns den Weg aus Krisen und kann zu heilsamer Selbsterkenntnis führen. Ein spirituell erfülltes Leben soll uns befähigen, mit allem lichtvoll umzugehen, und es bedeutet, uns in jeder Lebenslage mit dem Höheren verbunden zu wissen. Daraus können wir Kraft schöpfen, die eigene Intuition stärken und weise Lösungen entwickeln. Unsere Seele weiß immer, was das Richtige und Lichtvolle für uns ist. Dies ist über Liebe und Vertrauen erfahrbar. Somit können wir das kosmische Wissen in unserem Leben immer bewusster erfahren.

Höre auf deine Seele

Das, was für unsere göttliche Seele und für unser Wohlbefinden wirklich zählt, ist, wie wir leben und lieben. Für alles andere ist das Leben viel zu kurz. Genieße den Augenblick. Lebe aus ganzem Herzen, liebe hingebungsvoll, voller Freude. Eine liebevolle Lebensausrichtung macht das Leben lebenswert – und liebenswert.

Die Seele und der Seelenplan

Gottes Plan ist die All-Liebe, unser aller Seelenplan ist der Weg dorthin und das Schicksal der Wegweiser. Das bedeutet, dass sich das Leben lichtvoll entfalten kann, je mehr wir unsere Ich-Kraft in uns erfahren und durch und durch an uns und unsere Seelenstärke glauben.

Es gibt im Jenseits, also dort, wo wir uns unseren Seelenplan vornehmen, keine Materie, keinen Raum und keine Zeit. Im Jenseits sind wir pure Schwingung, pure Emotion, pures emotionales Bewusstsein. So nehmen wir uns auch keinen materiellen, sondern einen emotionalen Weg vor, der auch einige emotionale Absprachen mit unseren Mitmenschen beinhaltet. Und in unserer Schwingung entsteht auch eine gewisse Anziehungskraft: Wo wollen wir inkarnieren; in welcher Kultur oder bei welchen Eltern? Das heißt, wir nehmen uns eher größere Schritte im Diesseits vor, und alles andere entsteht aus akuter Resonanz und damit aus aktuellen Glaubenssätzen heraus sowie aus globalem, spontanem Geschehen. So nehmen wir uns viel mehr vor, als uns bewusst ist, doch bei weitem nicht alles, was uns begegnet.

Das bedeutet, dass es für den Seelenplan nicht wichtig ist, dass wir z. B. an einem ganz bestimmten Ort oder in einem ganz bestimmten Haus wohnen. Wir sollten Entscheidungen wie Hauskauf und Umzug aus dem Herzen treffen und diese nach unserem Wohlbefinden prüfen. Dabei gilt natürlich, dass Entscheidungen oftmals von Kompromissen abhängig sind und damit ein liebevoller und friedvoller Kompromiss getroffen werden sollte. Wir sollten bei allen Entscheidungen bedenken, dass alle Dinge, die sich leicht entwickeln, dann auch für die Entwicklung unserer Seele und damit für unseren lichtvollen Seelenplan gut und sinnvoll sind.

So verhält es sich auch mit der Liebe und Partnerschaft im Seelenplan. Da eine liebevolle Entwicklung niemals zu Ende gehen sollte, gibt es auch keinen Grund dafür, dass man irgendwann zu alt für eine liebevolle Partnerschaft sein könnte. Liebe ist die Grundschwingung unserer göttlichen Seele und unsere Herzen sollten stets offen für die Liebe und Freude sein und es auch ein Leben lang bleiben.

Nichts im Leben ist starr. Wir sollten in allem stets unseren freien Willen, unsere erhöhte Bewusstheit, unsere liebevolle Präsenz in den Vordergrund stellen.

Wenn wir unsere unzähligen Wünsche einmal beiseitelegen würden, so würden wir schnell erkennen, dass wir alles haben, was wir zu unserem Glück und unserer seelischen Entwicklung benötigen. Dann könnten wir die Schwingung unseres Seelenplans in unserem aufmerksamen Herzen spüren und würden die Synchronizität in unserem Leben in Form von sinnvollen »Zufällen« erkennen. Ein sinnvoller Zufall kann sich z. B. ergeben, wenn man unbedingt ein bestimmtes Haus kaufen möchte, doch ein Ereignis macht den Kauf unmöglich. Nach kurzer Zeit wird aber ein viel besseres Haus angeboten, und jetzt steht einem Kauf nichts im Weg. Das ist die sogenannte Synchronizität.

Etwas nicht zu bekommen kann sich also manchmal als ein Glücksfall herausstellen. Daran können wir erkennen, dass die geistige Welt uns leitet und beschützt. Sie sorgt dafür, dass unsere wahren Bedürfnisse erfüllt werden. Denn nicht die unendlichen Wünsche sind in unserem Seelenplan enthalten, sondern die Erfüllung unserer wahren Bedürfnisse, welche für die Entfaltung und Entwicklung unserer Seele wichtig sind.

So sollten wir uns bei allem, was uns beschäftigt, fragen: »Will ich dies oder jenes wirklich und brauche ich es wirklich?« Dann werden wir viel differenzierter mit den Dingen umgehen und emotional unabhängiger sein, weil wir erkennen, dass wir alles haben, was wir für unsere Entwicklung benötigen, wir werden viel konsequenter unsere wahren emotionalen Bedürfnisse erfüllen.

Denn die Summe unserer Emotionen macht auch unsere Persönlichkeit aus, durch welche wir uns im Diesseits wie auch später im Jenseits wahrnehmen. Die überpersönliche, göttliche Instanz in uns ermöglicht uns, unsere Gefühle wahrzunehmen und bei Bedarf zu heilen. Denn wer seine Gefühle heilt, erlebt sich beseelt und gestaltet auch eine beseelte Zukunft.

In einem bewussten Leben geht es vor allem darum, aus ruhigem und liebevollem Herzen heraus zu leben. In dieser Schwingung sind wir mit unserem lichtvollen Seelenplan intensiver verbunden, und das Empfinden der Liebe geht immer tiefer und tiefer. Aus diesem erhöhten Bewusstsein heraus entwickeln sich in uns auch die Antworten auf unsere meist unbewussten, aber drängenden Fragen.

Wenn unsere Seele mit unserem Schutzengel einen neuen Seelenplan im Jenseits entwickelt, ist sie pure Schwingung ihrer vorhandenen eigenen Emotionen. Aus dieser emotionalen Schwingung heraus entwickelt sich unsere Anziehungskraft oder unsere Resonanz auf bestimmte Länder, Familien, Fähigkeiten. In dieser Anziehungskraft ist dann alles gespeichert, was unsere Seele sich entfalten und in liebevoller Entwicklung reifen lässt. So sollten wir in allen Lebenslagen die Liebe und Weisheit über alles stellen, weil wir dadurch zu folgerichtigen Entscheidungen gelangen.

Unsere Seele inkarniert so lange, wie sie in ihren Emotionen noch eine Resonanz auf eine Wiedergeburt spürt. Also geht es dabei immer um die eigene Resonanz, und damit geschieht die Wiedergeburt stets aus freiem Willen. Und sobald die Seele in ihrer Entwicklung durch die vielen Reinkarnationen absolut resonanzlos geworden ist und sich somit in purer All-Liebe befindet, gleicht sie der engelsgleichen Schwingung und verbleibt im Himmel in höheren Bewusstseinsebenen, was wir in unserer Kultur das »Paradies« nennen.

Solange die Seele sich zum Diesseits hingezogen fühlt und sich mit dem Menschsein identifiziert, nimmt sie alle ihre emotionalen Stärken, Talente und Eigenschaften von einer Inkarnation in die nächste mit, was ihren Seelenplan und damit ihr Dasein im Diesseits immer weiter bereichert. Dabei muss die nächste Inkarnation der letzten Inkarnation überhaupt nicht gleichen. Man kann in einer ganz anderen Kultur und in ganz andere Lebensumstände hineingeboren werden. Und diese Fülle an Erfahrungen ist bereichernd. Denn bei einer Wiedergeburt steht im Vordergrund ein liebevolles Bewusstsein und nicht ein bestimmter Glaube. Dieses liebevolle Bewusstsein zeigt sich in der höchsten Kunst, ein gütiger Mensch zu sein.

Der eigenen Seele lauschen

Bei den Begegnungen in meinem Leben und bei der Entwicklung neuer Projekte ist für mich das Thema »Seelenplan« stets allgegenwärtig. Um mich wohlzufühlen und erfolgreich zu sein, ist für mich ausschlaggebend, dass ich auf meine Seele höre.

Intuitiv achte ich dabei auf die Synchronizitäten (sinnvollen Zufälle) in meinen Gesprächen und Ideen und ergreife die Chancen, die mir stimmig, nachvollziehbar und umsetzbar erscheinen. So sind mein Leben wie auch meine Veranstaltungen stets »im Fluss« und damit mit meinem Seelenplan, der mir eine sinnvolle und liebevolle Entwicklung aufzeigt, im Einklang.

In meinem geistigen Forschen konnte ich immer feststellen, dass sich ausnahmslos jede Seele vor der Inkarnation einen lichtvollen Seelenplan vornimmt, denn eine Seele ist göttliche, liebevolle Schwingung, die sich zu einer Weiterentwicklung auf die Erde begibt. Unzufriedenheit entsteht, wenn wir abhängig werden von der materiellen Welt und dabei zu sehr vom ursprünglichen Plan unserer Seele abweichen. So können auch Krankheiten Einzug halten, wenn wir von unserer lichtvollen Schwingung zu sehr abkommen und nicht gut für uns sorgen. Dies geschieht oft aus einer akuten Resonanz heraus und aus mangelnder Achtsamkeit den Krankheitsfaktoren gegenüber.

Wir sollten uns stets gut geerdet in uns und glücklich im Herzen fühlen und voller Vertrauen von einer absoluten Gesundheit überzeugt sein. Wir sollten uns durchlichten und in liebevoller Selbstfürsorge unser Möglichstes dafür tun, auf unser Wohlbefinden achten und damit auf unsere Seele hören.

Da im Jenseits, bei der Entstehung des Seelenplans, Zeit und Raum nicht gegeben sind, kann auch unsere Zukunft nicht starr vorhersehbar geplant und prophezeit werden.

In unserer Sensibilität können wir jedoch durch Schlüsselerlebnisse, Vorahnungen, Träume, Visionen etc. wahrnehmen, was wir in der nächsten Zeit in unser Resonanzfeld anziehen. Denn unser Unterbewusstsein weiß mehr, als uns bewusst ist. So sollten und dürfen wir in Zuversicht, innerer Ruhe und in einem lösungsorientierten Bewusstsein leben. Denn aus der inneren Ruhe heraus siehst du die Welt klarer und spürst deutlicher, was gut für dich ist und deine Seelenentwicklung fördert. Sobald unser Herz und Verstand in Einheit schwingen, handeln wir stimmig und folgen unserem Seelenplan und unserem Herzen.

Selbst dann, wenn etwas im Seelenplan oder Gottesplan ursprünglich nicht vorgenommen war wie ein Unfall, können wir nachträglich erkennen, dass es einen lichtvollen Sinn hatte, weil wir durch diese leidvolle Erfahrung die Möglichkeit erhalten haben, mehr innere Reife zu entwickeln. So sind diese Erfahrungen zwar oftmals nicht dem lichtvollen Sinn entsprungen, aber sie müssen nicht automatisch sinnlos sein, sondern es entwickelt sich kreativ im Leben etwas anderes. Das Ziel ist letztendlich die All-Liebe unabhängig von Personen oder Umständen. Denn wir nehmen uns im Seelenplan weniger die tatsächlichen Umstände vor als den emotionalen Umgang damit.

So fordert das Leben jeden Tag von uns Selbstreflexion, Weiterentwicklung und Erkenntnis. Bei jeder Herausforderung erinnere ich mich daran, dass wir uns in unserem Seelenplan vor allem den emotionalen Umgang mit den gegebenen Umständen vornehmen. Das erinnert mich an meine geistige Anbindung und mentale Stärke, sodass ich mich nicht in äußeren Begebenheiten verliere. Stattdessen besinne ich mich ganz auf die Kraft der Liebe in meinem Herzen und kann so auch in stürmischen Zeiten den Lebenssinn der Liebe bewahren. Ganz nach dem Motto: »Hast du ein Problem, dann löse es; kannst du es nicht lösen, dann mache kein Problem daraus!« Das bedeutet, wir ändern, was wir ändern können, und akzeptieren, was wir nicht ändern können. Denn je mehr wir verstehen, umso weniger beurteilen und verurteilen wir. Je weniger wir beurteilen und verurteilen, umso weniger gehen wir in eine negative Resonanz und umso freier sind wir von Anhaftungen. Dann leben wir tief verwurzelt in unserer Seelenstärke.

Es ist faszinierend zu sehen, wie sich die Dinge aus diesem erhöhten Bewusstsein heraus oftmals von allein fügen – wir bewahren Ruhe, treten einen Schritt zurück und folgen unserer Intuition, also dem Ruf unserer Seele. Dieser friedvolle Zustand lässt uns mit der himmlischen Führung verbunden sein, sodass wir in der Lage sind, neue Ideen, Möglichkeiten und Wege in unser Leben hineinzulassen. Sobald wir diese überraschenden, faszinierenden Wendungen erfahren, wissen wir, dass sich unser lichtvoller Seelenplan in unserem Leben entfaltet.

Ich kann immer wieder feststellen, dass Zwänge, die wir uns selbst auferlegen, unsere innere Freiheit, unseren Lebensfluss und damit unseren kraftvollen Seelenplan blockieren. In meinem Sprachgebrauch und in meinen Gedanken benutze ich das Wort »müssen« eher selten, denn damit engt man sich nur selbst ein, trifft hemmende Entscheidungen und hört nicht auf seine eigene Seele. Wir sollten stets in unser Herz hineinspüren und wahrnehmen, wie wir uns fühlen, denn daraus ergibt sich automatisch das Bewusstsein darüber, wie wir uns fühlen möchten und was unsere Seele in ihrem lichtvollen Seelenplan wirklich erleben will.

Hören wir regelmäßig in unser Herzbefinden hinein, vor allem bevor wir uns für etwas oder jemanden entscheiden, so werden wir keine Entscheidungen mehr treffen, die wir bereuen. Dann stehen wir wirklich zu uns selbst und unseren Gefühlen und laden z. B. nur die Menschen in unser Leben ein, die wir von Herzen auch um uns haben möchten. Andere lassen wir mit liebevollem Verständnis in ihrem So-Sein und wünschen ihnen von Herzen alles Gute auf ihrem Seelenweg.

Wenn wir dies nun ganz bewusst erkennen, dann können wir unsere Ich-Kraft spüren und haben aus allem, was war, wie auch aus schmerzhaften Erfahrungen und falschen Entscheidungen genau das gelernt. Dann sind wir im wahrsten Sinne des Wortes selbstbewusster, stärker und stabiler für unsere Zukunft und können erleichtert dem Ruf unserer Seele folgen.

Die Seele muss nichts, sie darf und sie kann. Wir können auch sagen: »Ich muss nicht anderen gefallen, ich darf und ich kann, wenn ich es möchte.« In meinen Seminaren sage ich gerne auch: »Wir müssen nichts, doch wir dürfen alles tun, was uns guttut und anderen nicht schadet.« Und selbst wenn unterschiedliche Meinungen dabei aufeinandertreffen, so sollten wir umso mehr unserem eigenen Herzen folgen, unseren eigenen Erwartungen entsprechen und nicht versuchen, Erwartungen anderer zu erfüllen. Dabei sollten wir jedem seine eigene Meinung lassen, denn nicht alle Menschen können der gleichen Ansicht sein. So können wir immer wieder die erstaunliche Erfahrung machen, wie sich ein lichtvoller Seelenplan, verbunden mit einem lichtvollen Schicksal, von alleine fügt, sobald wir überhöhte Wünsche, Ungeduld und Ärgernis hinter uns lassen.

Immer dann, wenn die Dinge nicht zu funktionieren scheinen, sollten wir nicht verbissen reagieren, sondern unsere Erwartungen herunterschrauben und die Dinge, so wie sie sind, sein lassen. Denn das Loslassen und Seinlassen ermöglicht es, Neues zuzulassen. Dann fühlt sich das Leben so an, als ob sich der Vorhang öffnet und sich uns ganz neue Möglichkeiten offenbaren können, die vorher für uns nicht präsent waren. Wenn wir starres Gedankengut loslassen, können Intellekt und Intuition aufeinander zukommen. Dadurch verstärkt sich unsere geistige Anbindung und fügt sich der lichtvolle Seelenplan durch die sogenannten sinnvollen Zufälle.

Wir müssen häufig die Erfahrung machen, dass sich unsere Pläne nicht so entwickeln, wie wir es uns vorgenommen hatten. Und das ist gut so, denn wenn wir uns zurücknehmen und die Pläne aus einem anderen Blickwinkel und aus anderer Verfassung heraus betrachten, entwickeln sie sich oftmals viel besser und langfristig sinnvoller, als wir es absehen konnten.

Ich hoffe, dieses Buch kann dir eine Unterstützung sein, noch mehr Liebe, Wohlbefinden und Stimmigkeit in deinem Herzen zu erfahren. Wenn dieses Lebensgefühl vorherrscht, schwingen wir mit den himmlischen Welten noch stärker und sind mit der Einzigartigkeit unseres Seelenplans in Verbindung. Dann sind wir im Fluss des Lebens und folgen unserem Herzen. Dann können wir unseren Seelenplan intensiv in liebevollen und friedvollen Beziehungen erleben, welche uns eine Orientierung und Sinnhaftigkeit vermitteln. Denn jede Seele ist in der Liebe zu Hause.

Meditation »Ich höre auf meine Seele «

> Setze dich ganz bequem hin und schließe die Augen.
> Spüre in deinen Körper hinein, lass dabei alle Spannungen in der Muskulatur los und öffne deine Hände.
> Richte dich innerlich auf und spüre die Weite des Himmels über dir. Fokussiere dich auf deinen Atem und atme tief ein und aus.
> Lass ganz viel Wärme und Liebe in deinem Brustraum zu und tauche auf diese Weise in den Fluss des Lebens, in die Sanftheit und Weisheit deines Herzens ein.
> Mit dem nächsten Atemzug lausche deinem harmonischen Herzklang. Erlaube deinem Atem dabei, noch tiefer und ruhiger zu fließen, denn dein harmonischer Atemrhythmus bestimmt auch deinen harmonischen Lebensrhythmus.
> Bringe Ruhe in deine Gedanken und sage dir: »Gedanken sind unwichtig, nur mein Atem ist wichtig.«
> Mögen deine Gedanken mit dem Atem beschäftigt sein, sodass dein Geist noch mehr zur Ruhe kommen kann und du noch mehr Liebe empfindest.
> In Liebe kommst du immer mehr in Kontakt mit deiner göttlichen Seele.
> Erlaube dir nun, die Liebe als eine Energie, die nach innen fließt, zu fühlen, als eine Kraft, die Ruhe bringt und Frieden gibt.
> Schwinge noch intensiver in Liebe, indem du mit jedem Atemzug immer wieder sagst: »Meine Seele ist in der Liebe zu Hause. Ich liebe mich.«
> Stelle dir nun vor, wie eine Sonne in deinem Brustraum erstrahlt und nach innen leuchtet und sich die Liebe in dir zu

allen Seiten hin ausbreitet. Fühle dich von der Sonne geküsst und spüre, wie sich wärmende Strahlen überall in dir entfalten.

> Dein Atem wird tiefer, fließender, kraftvoller und noch ruhiger. Nimm nun wahr, wie harmonisch dein Herz schlägt und du von innen heraus in deiner Seele wie eine Sonne zu leuchten beginnst.

> Nimm nun deine Hände in Gebetshaltung vor dem Brustraum zusammen und sprich innerlich folgende Sätze:

> »Ich verbinde mich mit der lichtvollen geistigen Welt. Ich fühle mich mit der göttlichen All-Liebe verbunden und geliebt.«

> Lass dir einige Atemzüge Zeit, um nachzuspüren, wie dieses erhöhte Bewusstsein liebevolle Kräfte in dir aktiviert und tiefes Empfinden der Verbundenheit mit dem Höheren ermöglicht, sodass du dich liebevoll und liebenswert erlebst und durch diese tief empfundene Liebe deine Seele spürst.

> Diese bedingungslose Liebe ermöglicht dir, die Nächstenliebe von ganzem Herzen zu spüren, sodass du nun alle Menschen, die dir am Herzen liegen, sowie die gesamte Welt anlächeln kannst.

> Spüre, dass die Verbundenheit mit allem Lichtvollen über die Liebe zu deiner Seele führt und ein tiefes Wohlbefinden und Sinnhaftigkeit im Leben ermöglicht.

> In tiefer Dankbarkeit gönne dir noch einige tiefe Atemzüge Zeit, und wenn du bereit bist, so lächele dich und dein Leben an, öffne deine Augen und komme behutsam in das Tagesgeschehen zurück.

> Du kannst diese Meditation jederzeit wiederholen und so in deine innere Kraftquelle zurückfinden.

Die Kraft der Seele

Lebe deine Talente! Sei dir dessen bewusst, was du kannst
und was du willst, und folge deinen Begabungen.
Denn wenn wir unsere Talente nicht nutzen und an
unserem Seelenplan vorbeileben, wird sich Unzufriedenheit
in unser Leben einschleichen. Erforsche dich, entdecke dich,
lerne dich kennen und lieben.

Unsere Seele will wahrgenommen werden und sich entfalten. Je mehr wir unserem Herzen folgen, umso mehr Liebe, Frieden und Erfüllung werden wir erfahren, und unser inneres Potenzial kann sich fortlaufend entfalten. Die göttliche Seele, die in unserem Inneren in reiner Liebe schwingt, beherbergt die Summe all unserer Emotionen, sowohl die der Angst wie auch die der Liebe. Alles dazwischen, eine Vielfalt von Emotionen, macht unseren Charakter, unsere Werte, unsere Stärken und Aufgaben aus. Die Engel sagen dazu: »Lieber Mensch, vereinfache dir dein Leben, indem du dir bewusst machst, dass die Wurzel aller Probleme und Unbewusstheit die Angst ist und die Lösung in der Liebe zu finden ist.« Zwischen diesen beiden Polen können wir uns in einem emotionalen Labyrinth verlieren, doch wir können auch daraus erwachen, indem wir auf unsere Seele hören, somit die Verantwortung für uns selbst übernehmen und uns bewusst aus der Angst heraus in die Liebe zu uns selbst begeben. Dann haben wir die Möglichkeit, dass wir die »positive« Angst, also die, die uns das Überleben sichert, die unsere Sinne schärft und unsere

Präsenz stärkt, nutzen, anstatt in der ungesunden Angst unterzugehen. Dann können wir zu einer bodenständigen Form der Liebe gelangen, die friedvolles Empfinden im Herzen widerspiegelt, und können unserer Seele folgen.

Gottes Plan ist die All-Liebe. Der Seelenplan ist der Weg dorthin. Das Schicksal ist der Wegweiser. Diese Hauptbotschaft zu verinnerlichen bedeutet, ein lösungsorientierter, präsenter Mensch zu sein, nicht ein Mensch, der zu problembehafteten Gedanken neigt, sich darin im Kreis dreht und in den schmerzhaften Wiederholungen des Lebens erstarrt. In unserer Seele liegt die Summe der Emotionen, und je mehr wir uns auf die Liebe fokussieren, umso stärker werden wir in unserer Mitte ankommen und unserer Seele folgen. Wir werden authentisch, können dem Ruf unseres Herzens folgen und so denken, fühlen und handeln, wie es unserer Seele entspricht. Wir werden auch nicht unter dem Joch der Gesellschaft erstarren und ein Großteil unserer Energie darauf ausrichten, anderen zu gefallen. In der Auseinandersetzung mit dem Seelenplan und unserem emotionalen Seelenbewusstsein geht es um die Auseinandersetzung mit uns selbst, mit der Qualität unserer Gedanken, unserer Gefühle und unserer Handlungen. Darin liegt unser freier Wille, auch wenn wir nicht immer bestimmen können, was auf uns zukommt. Denn dies hängt natürlich auch mit Entscheidungen anderer Menschen zusammen, auch mit globalen Umständen. Doch wir können immer in unserem freien Willen und unserer göttlichen Seele bestimmen, wie wir mit den Geschehnissen umgehen, ob in einer Haltung der Würde oder der Selbstaufgabe, der Hingabe und Zuversicht oder der Angst. Der Weg des Herzens führt zu Freiheit und Freude, weil er Lösungen bietet für das, was uns wirklich ausmacht, für das, was wir uns wirklich auf dieser Erde vorgenommen haben. Deshalb sollten wir unsere Emotionen würdigen, uns strukturieren und uns auf das höchste Bewusstsein fokussieren, nämlich auf die Liebe und den Weg dorthin.

Man kann auch sagen, der Seelenplan ist die erweiterte Schwingung unseres Seelenleibs, unseres Energiefeldes, unserer Emotionen. Wir sollten uns nochmals verinnerlichen, dass wir uns vor unserer Inkarnation, also noch im Jenseits als Lichtbewusstsein, für unser Erdenleben weniger die tatsächlichen Umstände vorgenommen haben als vielmehr den Umgang damit. Denn da oben gibt es weder Materie noch Raum und Zeit, sondern emotionales Bewusstsein in der feinstofflichen Sphäre. Wenn wir uns bewusst mit dem Leben in der Materie und unserem Ursprung auseinandersetzen, empfinden wir eine höhere Verbundenheit, wir empfinden das Gefühl von Sinnhaftigkeit, wir empfinden das Bewusstsein von Offenheit, von aufrichtigem Interesse, Lebenslust und Neugierde auf das Leben. Genau dieses haben wir uns ursprünglich vorgenommen, doch die Umstände haben es so eingerichtet, dass wir jetzt hier auf diese oder jene Weise leben. Die Umstände sind zu einem großen Teil in unserer Resonanz angezogen worden. Wir sollen licht- und liebevoll aus tiefstem Herzen unser Leben gestalten. Es gehört zu einer inneren Freiheit, zu verstehen, dass wir uns nicht an der Frage »Was soll ich tun?« festbeißen sollten, sondern lösungsorientiert handeln und die Engel in unserem Leben willkommen heißen. Wir sollten uns an den materiellen, mechanischen, vergänglichen Inhalten nicht festklammern, auch nicht an unseren Mitmenschen, denn auch sie gehören uns nicht. Wir sollten eher die Zeit genießen, die wir miteinander verbringen dürfen, ebenso die Erfahrung, die wir in unserer Arbeit machen dürfen, und das Empfinden, das wir in unserer Körperlichkeit erleben dürfen. Ich gehe sogar so weit zu sagen, dass wir anfangen sollten, in Liebe und Weisheit zu denken. Wir sind in unserer Gesellschaft viel zu sehr nach außen orientiert. Schon in der Religion wurde uns ein strafender Gott vermittelt, welcher sich im Außen befindet. Uns wurde beigebracht, dass wir sündig sind und unseren Kopf unten halten und am Leben schwer tragen sollen. Aus dieser Prägung heraus suchen wir Gott überwiegend, bewusst wie auch unbewusst, im Außen.

Wir sind auch in unserem Wirtschaftssystem materiell geprägt worden, und wir identifizieren uns überwiegend mit dem, was wir besitzen, welchen Status wir erreicht haben und was uns umgibt. Wir haben gelernt, unseren Wert und unsere Liebesfähigkeit von äußeren Faktoren und anderen Menschen abhängig zu machen, doch unsere Seelenqualitäten bleiben dabei auf der Strecke.

Wir wurden in unserer Erziehung auch in unserer Emotio geprägt. Wie oft haben wir in der Kindheit solche einfachen Sätze gehört: »Was sollen andere über dich denken?« Wie selten haben wir hingegen zu hören bekommen: »Was denkst du?« So geht der Blick aus Gewohnheit überwiegend nach außen, doch der spirituelle Weg geht stets nach innen. Es ist gut, ein liebevoller, zielorientierter und fokussierter Mensch zu sein, denn wir nehmen uns durch unsere Ziele, Erfahrungen und durch das Miteinander wahr. Solange wir uns davon nicht abhängig machen, leben wir auch sinnbezogen. Ich selbst denke mittlerweile nicht mehr: »Was will ich erreichen?«, sondern: »Wie möchte ich mich fühlen?« Denn nicht umsonst gibt es Menschen, die in ihrem Leben im Außen scheinbar alles erreicht haben, aber im Inneren absolut leer, depressiv und nicht sinnerfüllt sind. Sie spüren nichts mehr, weil ihr Blick ausschließlich nach außen gerichtet ist, und ihre Seele brennt auf dem verkrampften Weg zum Ziel aus, sie entwickeln Burn-out. In solchen Fällen verlieren die Menschen den Bezug zu ihrer Seele, zu ihren wahren Bedürfnissen, ihrer Selbstliebe, und die Erfüllung des Herzens suchen sie noch stärker im Außen, z. B. in Alkohol, obwohl jeder weiß, dass dies nur kurzfristig wirkt.

Solange wir nicht in unserem Bewusstsein erwachen und zu einem Gefühl von Liebe, Hoffnung und Eigenverantwortung gelangen, solange wird unsere Sehnsucht nach außen transportiert werden. Das Interessante ist allerdings, dass je mehr wir uns in unseren Sehnsüchten von äußeren Faktoren abhängig machen, wie von beruflichem Erfolg, von Liebschaften und vielem mehr, umso mehr entgleisen uns diese Dinge ebenfalls. Denn je abhängiger wir von Menschen und Umständen werden, umso schwächer werden wir selbst und strahlen dies auch aus. Kein Wunder, dass wir dann auch von unseren Mitmenschen immer weniger ernst genommen werden. Nur ein in sich ruhender, authentischer Mensch, der voller Selbstbewusstsein und Mitgefühl handelt, hat ein starkes Rückgrat, um die Mitmenschen in ihren Stärken mit ins Boot zu nehmen. Hier sind Liebe und geistige Anbindung der Weg zu Freude, Freiheit und zum Erfolg.

Gerade in der heutigen Zeit, in der wir uns fragen: »Wo geht meine persönliche Entwicklung und die gesellschaftliche Entwicklung hin?«, ist es so wichtig, dass wir eine liebevolle Lebensphilosophie entwickeln, indem wir uns jeden Tag bei der Entwicklung von Lösungen bewusst machen, dass ein erwachendes Bewusstsein zur liebevollen Wertewandlung führt. Liebevolle Werte tragen zu kreativen Lösungen bei, zu neuem Ideenreichtum, zu dem visionären Blick, den wir für unsere Zukunft benötigen, wie auch für das gesellschaftliche Geschehen. Und diese Stärke kann man ausschließlich von innen heraus, aus der persönlichen Reife, aus der Stärke seiner göttlichen Seele erfahren.

Diese Stärke in der göttlichen Seele liegt darin, konsequent in Liebe zu leben und seinem liebevollen Herzen zu folgen. Liebe bedeutet auch, sich in seinem inneren Frieden verankert zu fühlen, einen wachen Blick und Klarheit auf alles zu bewahren, sich seiner geistigen Anbindung und seiner Seelenkraft bewusst zu sein und diese Stärke auszustrahlen. Die Liebe überwiegt dann gegenüber allen anderen Gefühlen und leitet sie. Dabei ist uns auch die »positive Angst« in Form von erhöhter Aufmerksamkeit fürs Überleben dienlich, denn sie ermöglicht uns, aus der negativen Angst, die uns nur verwirrt, herauszuwachsen, und sie befähigt uns, in Geduld, Demut, Weisheit und Nachsicht stets über den eigenen Horizont hinauszublicken. Es gab zu allen Zeiten Vorbilder, und dies waren Menschen voller Liebe und Mitgefühl, und darin lag auch ihre Seelenstärke. So mögen wir uns unserer göttlichen Seele und unseres grenzenlosen Potenzials in allen Lebenslagen bewusst sein.

Wir sollten unsere Seelenkraft niemals unterschätzen, sondern uns unserer Liebesfähigkeit bewusst werden und auf unsere liebevolle, göttliche Seele hören. Denn Liebe bedeutet Stille in uns, es bedeutet, in sich ruhen zu können. Je lauter es um einen herum wird, umso ruhiger sollte es in einem selbst werden. Dann leuchten wir von innen heraus und fühlen uns geliebt und im Leben gut aufgehoben. Das bedeutet, wir leben vom Herzen, stets spürend: Diese Entscheidung, dieser Gedanke, diese Begegnung – tun sie mir gut, erfreuen sie mich? Und wenn nicht, haben sie einen anderen Sinn, zum Beispiel, eine besondere persönliche Stärke zu schulen? Seien wir stets bei uns, dann sind wir beschützt und auch am intensivsten verbunden mit Lösungen und liebevoll schwingenden Menschen. Sind wir außer uns, weil wir Erwartungen an andere richten, weil wir Schuldzuweisungen nach außen richten, dann sind wir nicht in unserer Mitte, nicht in unserer Klarheit, sondern in der Selbsttäuschung und somit nicht geschützt. Dann hören wir nicht auf unsere Seele, und so entstehen unstimmige Entscheidungen, Missverständnisse, emotionale Verletzungen und Konflikte. Die Hauptbotschaft unserer Seele ist, dass wir uns selbst respektieren sollten, verstehen, lieben und uns selbst erkennen. Dies gelingt, indem wir bereit sind, jeden Tag etwas Zeit in Stille mit uns selbst zu verbringen, die Qualität unserer Gedanken und Gefühle in der Tiefe der Harmonie unseres Atems zu spüren und somit uns selbst zu reflektieren. So erfahren wir die Liebe zu uns selbst, zu unserer göttliche Seele; so hören wir auf unsere Seele und treffen stimmige Entscheidungen, die unseren lichtvollen Seelenplan voranbringen.

Viele Menschen sagen, sie hätten dafür keine Zeit. Doch das ist eine Ausrede, denn jeder Mensch hat Zeit, nur setzt jeder seine Prioritäten anders. Wenn wir uns selbst nicht aushalten können, lenken wir uns für gewöhnlich ab. Doch sollten wir dabei bedenken: Wenn wir uns selbst schon nicht aushalten können, wie können wir das von unseren Mitmenschen erwarten? Besonders für diejenigen, die genügend Ausreden parat haben, ist es zunächst natürlich sehr leicht, die Schuld auf die Umstände oder andere Menschen zu schieben, darauf, dass sie keine Zeit haben und dass sie sich unwohl fühlen. Doch dies ist in Wirklichkeit Flucht vor Eigenverantwortung und Flucht vor Selbstliebe, denn genau dieses können wir in der Stille spüren. Wir sollten uns stets vor Augen führen, dass wir, wann immer wir jemandem die Schuld an unserer Befindlichkeit, an unserem Leben geben – sei es dem Partner, sei es den Kindern, sei es den Kollegen, sei es der Gesellschaft – ihm gleichzeitig die Macht über unsere Befindlichkeit geben, und zwar an jedem einzelnen Tag. Damit laufen wir Gefahr, an den Bedürfnissen unserer Seele, an unseren wahren Herzensbedürfnissen vorbeizuleben. Denn je größer unser Seelenbewusstsein ist, desto größer ist auch unser Liebesbewusstsein. Nicht umsonst können wir auch in Beziehungen nur so viel Liebe von Mitmenschen annehmen, wie diese bereits in uns selbst vorhanden ist. Erst dann können wir in Resonanz des Gebens und des Nehmens, in das Miteinander hineingehen.

Es gibt Menschen, die vom Partner immer wieder hören möchten: »Ich liebe dich.« Sie brauchen diese Liebe von außen, weil es ihnen an Selbstliebe mangelt. Nehmen wir uns etwas Zeit und beginnen wir, in uns hineinzuspüren, die Liebe zu uns zu akzeptieren, uns anzunehmen und somit Verantwortung für uns zu übernehmen, dann sind wir in innerer Fülle, dann hören wir auf unsere Seele, dann sehen wir alles sinnerfüllt, erkennen unsere Möglichkeiten und trauen uns, die Chancen auch zu ergreifen, denn das Glück hängt von der Beschaffenheit unserer eigenen Gedanken und Emotionen ab.

Leben wir also aus dem Herzen! Aus diesem Empfinden der Stille, des liebevollen, harmonischen Herzschlags heraus, ruhen wir in uns, sei es in der Meditation, beim Lesen eines Buches, beim Kochen, oder in der Aktivität im Beruf. Sind wir mit jedem Atemzug mit uns selbst verbunden, dann sind wir in Liebe, dieser liebevollen Schwingung, verbunden mit dem höchsten göttlichen Licht, und wir spüren die Sicherheit und Geborgenheit in unserem Selbstvertrauen sowie auch Gottvertrauen. Dann sind wir mit diesem hohen Bewusstsein unseres Seelenplans verbunden, mit diesem roten Faden, der sich durch unser Leben zieht und der beinhaltet, was sich die Seele vorgenommen hat. Dann wirken wir auch intuitiv und folgen der Stimme unseres Herzens. Wir sind uns unserer natürlichen Intuition bewusst, die Sicherheit gibt und Selbstzweifel beruhigt.

Ich habe im Leben gelernt, in die Gelassenheit zu gehen, loszulassen, wenn etwas nicht so verläuft, wie ich es mir vorgenommen habe. Ich kämpfe nie, sondern beobachte die Bewegung, die Wandlung, lasse das Neue zu und erkenne letztendlich: Wenn etwas nicht so läuft, wie ich es mir vorgestellt habe, so macht es gar nichts, denn dann wird es auf anderen Wegen viel, viel besser verlaufen. Dieser Lebenseinstellung liegt ein hohes Maß an

Selbst- und Gottvertrauen zugrunde. So kann ich mich jedes Mal mit der intuitiven Kraft meines vorgenommenen Seelenplans verbinden.

Wir dürfen durchaus Wünsche haben, doch sie sollen uns Spaß machen. Wenn sie uns jedoch nervös, ungeduldig und letztendlich gar unglücklich machen, dann halten wir zu verbissen an etwas fest und sind somit fernab von unserem Seelenplan. Dann ist es das Beste, von den verhärteten Wünschen Abstand zu nehmen.

Ein Wunsch zieht immer einen anderen nach sich, man kann sich die Wünsche nie vollständig erfüllen, und sie erfüllen auch uns nicht dauerhaft, denn die Vollkommenheit ist ausschließlich in uns. Deshalb sollten wir uns unsere wahren Bedürfnisse vor Augen führen, dann sind wir dem Seelenplan wieder näher. Denn was sind Bedürfnisse? All das, was uns für die Entwicklung wichtig ist. Natürlich ein Dach über dem Kopf, Essen auf dem Tisch, ein soziales Umfeld, das uns trägt, aber auch die Spiritualität, dieses sinnerfüllte Denken, Fühlen und Handeln im Leben, denn das gibt uns die Kraft, um alles zu überstehen. Denn im Leben geht es nicht vordergründig darum, niemals hinzufallen, sondern darum, die Kraft zu haben, immer wieder aufzustehen. Deshalb sollten wir uns nicht an den Misserfolgen messen, sondern ausschließlich an den Erfolgen. Alles hat seine gewisse Berechtigung, denn der Erfolg ist die Summe von richtigen Entscheidungen, und richtige Entscheidungen treffen wir durch die Lebenserfahrungen, und Lebenserfahrungen machen wir auch durch falsche Entscheidungen. So kann alles zu unserem Bewusstseinserwachen, zur inneren Reife und schließlich zur Stärkung unserer Seele führen. Wir sollten jeden kleinen Schritt in unserer Persönlichkeitsentwicklung feiern, jeden Tag in Dankbarkeit abschließen und erkennen, dass wir doch von himmlischen Kräften geführt werden. So wird uns vielleicht bewusst, wie wunderbar synchron sich doch unser Weg bis jetzt gestaltet hat, wie wir zum richtigen Zeitpunkt mit bestimmten Menschen zusammengeführt wurden, die uns wesentliche Anstöße für Ideen und Wissen gaben, wo plötzlich Türen aufgingen, an die wir gar nicht gedacht hatten. Genau dieses Ego-Freie, das ist die mystische Kraft des Seelenplans. Wir sehen, um wie viel stabiler wir im Laufe des Lebens geworden sind, denn die Summe einzelner Schritte, die uns vorwärtsbringen, macht letztendlich die Kraft aus, mit welcher wir große Ziele erreichen. Es ist tatsächlich wahr: Der Weg ist das Ziel – und den sollten wir mit Gelassenheit, mit Kreativität, mit Spontanität, mit Liebe und Freude gehen.

Viel zu häufig sind wir mit unseren Gedanken in unserer Vergangenheit, doch wir sollten aufhören, uns mit dem Vergangenen zu identifizieren. Die Vergangenheit hat uns geprägt, doch sie ist nicht unser Schicksal. Wir sollten nicht stets über die Zukunft grübeln, denn eine lichtvolle Zukunft entsteht aus einer lichtvollen Gegenwart mit lichtvollen Gedanken heraus. Das heißt, wir sollten das, was wir jetzt sind, was wir jetzt haben, auch an Aufgaben, friedvoll und in Dankbarkeit annehmen und genießen.

Dankbarkeit öffnet das Herz zu Liebesfähigkeit und Intuition und formt somit die Persönlichkeit. Deshalb sollten wir bei unseren Bedürfnissen stets bedenken und uns fragen: »Wie möchte ich mich fühlen?« Dabei sollten wir tief durchatmen, in unseren Herzklang, in unsere Seele hineinspüren und für uns selbst definieren, was die Liebe für uns ist. Möge diese Liebe nach innen gehen in die Stille in uns und all die liebevollen Werte in unserem Herzen erblühen lassen. Mögen wir uns auch in unseren Beziehungen wertschätzend verhalten. Denn es ist nicht selbstverständlich, dass unsere Partner und unsere Kinder ihr Leben mit uns teilen – es ist ein großes Geschenk. In dieser Haltung der inneren liebevollen Kraft unserer Seele sollten wir uns auch unseren Aufgaben widmen; denn wir sollten dabei bedenken, dass unsere individuellen Gaben, die wir auf diese Erde mitgebracht haben, auch mit Aufgaben in unserem einzigartigen Leben verbunden sind. Erst über das Tun können wir uns kennenlernen, können wir unsere Stärken erfahren und auch die Eigenschaften erfahren, die zu großen Stärken erst noch heranreifen. So mögen wir also mit einem aufrichtigen, liebevollen, wertschätzenden, freudvollen Herzen durch die Welt gehen. Das macht einen gütigen Charakter, einen guten Menschen im Sinne von Mitgefühl und Aufmerksamkeit aus.

Diese liebevolle innere Haltung, die Fähigkeit, auf seine Seele zu hören, beeinflusst auch den Erfolg. Denn was ermöglicht Erfolg? Erfolg kommt mit der Fähigkeit, sich auf seine Gaben zu konzentrieren, sich auf das Wesentliche zu fokussieren. Diese innere Einstellung bringt alles in Bewegung, und so können sich im Miteinander und im Schicksalhaften großartige, sinnvolle, langanhaltende, wegweisende Dinge auch fügen, denn Gottes Wege sind unergründlich. So sollten wir stets kreativ und freilassend denken und auf diese Weise auch das Leben betrachten.

Darin liegt die Weisheit unserer göttlichen, liebevollen Seele. Je mehr wir den Tag mit diesem liebevollen Empfinden, mit tiefem Gott- und Selbstvertrauen beginnen, umso mehr gelangen wir wieder zur Quelle der Liebe und des tiefen Vertrauens, was uns wiederum ermöglicht, noch mehr auf unsere Seele zu hören.

Denn es ist weniger wichtig, was wir wollen, sondern wie wir uns fühlen und wie wir leben. Es ist weniger das Was wichtig, als das Wie. Denn am Ende unserer Reise hier auf Erden werden wir uns nicht fragen: »Was habe ich alles erreicht?«, sondern: »Wie intensiv habe ich geliebt?«, »Wie intensiv wurde ich geliebt?« Und: »War ich in der Lage, die Liebe anderer auch anzunehmen?« Das ist ein Zwiegespräch mit unserer Seele und mit dem göttlichen Licht. Denn im Jenseits haben wir nur vor uns selbst Rechenschaft über unser Handeln abzugeben. Und so sollten wir auch schon im Diesseits Rechenschaft ablegen: »Lebe ich das Leben, das stimmig für mich ist?« Wir finden die Antwort auf diese Frage, wenn wir uns selbst aufrichtig in die Augen schauen, durchatmen und auf den Klang unseres Herzens lauschen.

Je weniger wir an unseren Plänen verbissen festhalten, je mehr wir sie stattdessen im Segen geschehen lassen, je öfter wir den Tag mit dem Motto beginnen: »Möge der Tag, möge meine Berufung so verlaufen, wie es sinn- und lichtvoll für meine Entwicklung sowie für alle Beteiligten ist«, desto mehr sind wir im Vertrauen und erkennen die Synchronizität des Seelenplans. Wir können auf unsere liebevolle Seele nicht hören, wenn wir bewusst oder unbewusst eine »Faust in der Tasche« haben, denn dann blockieren wir die Schwingung der Liebe. Wir können unserer liebevollen Seele folgen, wenn wir uns dem Moment hingeben. Das ist Liebe sich selbst und dem Leben gegenüber. Dann kann das Leben fließen, weil unsere eigene Intuition fließt. Nichts ist starr, sondern alles wandelbar.

Auch der genaue Todeszeitpunkt steht nicht im Seelenplan festgeschrieben. Wir sollten daher stets unsere innere Freiheit der Resonanzfähigkeit, Entscheidungsfähigkeit in alles mit einbeziehen und somit im Hier und Jetzt aus allem das Beste machen. Das Beste ist das, was unser Herz zum Lächeln bringt, in tiefe Demut, Gnade und Friedfertigkeit hinein. So sollten wir uns dieser liebevollen Aufgaben in allem stets bewusst sein. In Wirklichkeit sind wir göttliche, liebevolle und unsterbliche Seelen. Sobald wir die Liebe über alles stellen, erkennen wir das auch. Dann gehen wir gütig, friedvoll mit uns selbst, mit unseren Mitmenschen sowie mit der Welt um, sodass sich der Gottesplan erfüllen und die All-Liebe in jedem von uns einziehen kann. Dann können wir unserem liebevollen Herzen folgen und uns sinnerfüllt erleben. Dann können wir unseren Lebensweg mit all den Höhen und Tiefen als Bewusstseinserweiterung und Lebenserfahrung begreifen. Denn Vertrauen bedeutet, sich dem Leben zu stellen, und was das bedeutet, kann nur jeder für sich selbst spüren.

In der folgenden Meditation können wir in unser liebevolles Herz hineinspüren und tiefe Weisheit in uns zulassen.

Meditation »Die Kraft der Seele«

> Setze dich bitte ganz bequem hin und schließe die Augen.
> Spüre in deinen Körper hinein, lasse dabei alle Spannungen in der Muskulatur los und öffne deine Hände.
> Richte dich innerlich etwas auf und spüre die Weite des Himmels über dir.
> Besinne dich auf deinen Atem und atme tief ein und aus.
> Lass ganz viel Wärme und Liebe in deinem Brustraum zu und tauche auf diese Weise in den Fluss des Lebens, in die Sanftheit und Weisheit deines Herzens ein.
> Mit dem nächsten Atemzug lausche bitte deinem harmonischen Herzklang. Erlaube deinem Atem dabei, noch tiefer und ruhiger zu fließen, denn dein harmonischer Atemrhythmus bestimmt auch deinen harmonischen Lebensrhythmus.
> Bringe Ruhe in deine Gedanken und sage dir: »Gedanken sind unwichtig, nur mein Atem ist wichtig.« So mögen deine Gedanken mit dem Atem beschäftigt sein, sodass dein Geist noch mehr zur Ruhe kommen kann und du noch mehr Liebe empfinden kannst.
> In Liebe kommst du immer mehr in Kontakt mit deiner göttlichen Seele.
> Erlaube dir nun, die Liebe als eine Energie, die nach innen fließt, zu fühlen, als eine Kraft, die Ruhe bringt und Frieden gibt.
> Schwinge in Liebe noch intensiver, indem du mit jedem Atemzug immer wieder sagst: »Liebe fließt in mir.«

> Dabei kannst du dir wieder vorstellen, dass eine Sonne in deinem Brustraum erstrahlt und nach innen leuchtet und dass sich die Liebe in deinem Körper zu allen Seiten hin ausbreitet. Spüre, wie sich warme Lichtstrahlen überall in dir, in jeder einzelnen Zelle, entfalten.

> Dein Atem wird tiefer, fließender, kraftvoller und doch ruhiger. Nimm nun wahr, wie harmonisch dein Herz schlägt und du von innen heraus in deiner Seele wie eine Sonne zu leuchten beginnst.

> So nimm deine Hände in Gebetshaltung vor dem Brustraum zusammen und sprich innerlich folgendes Gebet:

»Liebe lichtvolle geistige Welt, ich bitte um himmlischen Segen für mich, meine Familie und für unsere Welt. Möge sich der lichtvolle Seelenplan in allem erfüllen, denn ich weiß, Gottes Plan ist die All-Liebe, mein Seelenplan ist der Weg dorthin und das Schicksal gestaltet sich durch mein Fühlen und Denken. Liebe lichtvolle geistige Welt, ich bitte um die Kraft, meinem Herzen folgen zu können, mich liebevollen innovativen Ideen zu widmen und in liebevoller Weisheit meinen Weg zu beschreiten, denn ich bin bereit, in Liebe und Harmonie zu leben und mein Leben zu gestalten. Ich danke dafür.«

> Lass dir noch einige Atemzüge Zeit, um nachzuspüren, wie das Gebet liebevolle Kräfte in dir aktiviert und tiefes Empfinden der Verbundenheit mit dem Höheren ermöglicht, sodass du deinem Herzen intuitiv folgen kannst.

> In tiefer Dankbarkeit gönne dir noch einige weitere tiefe
  Atemzüge, und wenn du bereit bist, so lächele dich und dein
  Leben an, öffne deine Augen und komme allmählich in das
  Tagesgeschehen zurück.
> Du kannst diese Meditation jederzeit wiederholen, um in deine
  innere Kraftquelle zurückzufinden.

Schicksalsarten und individueller Seelenplan

*Schätze alle Erfahrungen, die du gemacht hast und die
dich etwas gelehrt haben. Im Leben geht es um das Lernen,
und beim Lernen stehen nicht die Fehler im Mittelpunkt,
sondern ist nur deine Weiterentwicklung wichtig. So höre auf
dein Herz, folge deiner Intuition und mache deine eigenen
Lernerfahrungen, die deine Seele braucht. Lass deine eigene
innere Stimme nicht durch Meinungen anderer verstummen.
Deine göttliche Seele hat einen ganz eigenen Weg.*

Allein der Begriff Schicksal ist für viele Menschen mit großer
Schwere belegt. Aus der Sicht der Spiritualität ist es jedoch wichtig, alles, was uns widerfährt, liebevoll zu betrachten und darin
einen Sinn zu erkennen. Ich gebe zu, dass dies nicht immer leichtfällt. Viele Menschen denken zu einseitig: Entweder sie sind
atheistisch und sagen: »Alles ist Zufall« oder sie sind esoterisch

und meinen: »Jedes Leid und jeder Kummer sind vorgenommen, das heißt, wenn dir etwas widerfährt, so bist du selbst schuld.« Doch wo bleiben da Liebe, Frieden und Mitgefühl? Die Schuldzuweisung entsteht oft aus dem Glauben an einen strafenden Gott. Ich bin in meiner Hellsichtigkeit und durch meine Nahtoderfahrungen viele Male Gottes Licht der All-Liebe begegnet, und weiß, dass es nur strafende Gedanken des Menschen gibt. Gott urteilt niemals, Gott ist reine Liebe und Güte und verhilft uns zu dem Bewusstsein, dass wir weitaus mehr sind als die Summe unserer Teilchen, wir sind verbunden mit dem Bewusstsein der All-Liebe, mit der mystischen, grenzenlosen, tief gehenden Kraft. Hier passt jegliche Einseitigkeit selbstverständlich nicht hinein. Das Leben ist nicht starr, sondern stets im Fluss, und deshalb leben wir jetzt in einem Zeitalter, in dem wir lernen und die goldene Mitte in allem finden dürfen, anstatt einseitig, ängstlich und dogmatisch zu denken.

Religionen basieren oftmals auf einem blinden Glauben. Doch eine spirituelle Lebensausrichtung kann mit blindem Glauben nichts anfangen, denn diese basiert einzig und allein auf der eigenen persönlichen, individuellen Erfahrung. Eine spirituelle Lebensausrichtung bedeutet, dass wir uns unserer geistigen Anbindung und unserer geistigen Kraft bewusst sind. So habe ich von meinen Seminarteilnehmern oft die Frage gehört: »Was ist denn nun ein vorgenommenes Schicksal?« Frei nach dem Motto: Die Glückspilze, haben sie sich das vorgenommen, sich ihr Karma verdient? Und die »Pech-Marie« sozusagen, hat sie sich das vorgenommen, hat sie sich das verdient? Solche Gedankengänge sind durchaus nachvollziehbar. Ich habe schon immer, ganz gleich, wie das Leben verlief, das tiefe innere Wissen in mir gespürt, dass alles, was mir begegnet, für etwas sinnvoll ist, auch wenn ich den lichtvollen Sinn erst später erkennen konnte. So konnte ich an jeder Erfahrung reifen und stärker werden. Das bedeutet, die Spiritualität habe ich sehr lebensnah, alltagsnah erfahren, und ganz sicher hat mich genau diese Sensitivität auch des Öfteren im Leben gerettet.

Die Unwissenheit über die geistigen Zusammenhänge und was mit der Seele, also mit unserem Kern, nach unserem Tod passiert, verunsichert und ängstigt die Menschen. Erst wenn wir hier zu Antworten gelangen, finden wir auch eine Orientierung und damit Sicherheit.

Die Engel haben mich gelehrt, dass Karma nicht überbewertet werden sollte. Karma spiegelt die nicht losgelassenen Emotionen wider. Das sind die Anhaftungen in uns in Form von Bewertung und Beurteilung. Natürlich brauchen wir dies im gesunden Sinne, doch wenn unser Selbstwert dadurch leidet, dann haben wir die gesunde Ebene der geistigen Klarheit und Entscheidungsfähigkeit, wofür Bewertung notwendig ist, bereits verlassen. Auch da gehört spirituelle Bewusstheit und Achtsamkeit dazu. Im Jenseits sind wir pure Lichter und spüren irgendwann einen emotionalen Ruf nach einer Wiedergeburt, denn obwohl wir so strahlend wie nur möglich sind, können wir uns außerhalb der Materie, also außerhalb von Raum und Zeit, nicht wahrnehmen. Das gelingt uns erst im Diesseits durch die physische Erfahrung mit unserem Körper. Erst durch unsere Sinne können wir uns wahrnehmen und uns in Raum und Zeit erleben. Und durch diese Erfahrungen können wir uns auch entwickeln.

Je mehr wir in diesen liebevollen Tugenden der Erkenntnis, des Vertrauens, der Vergebung, des Mutes und des Loslassens in uns ruhen und diese Kräfte kultivieren, umso mehr kommen wir auch dem Lebenssinn der All-Liebe nahe, weil wir die Liebe in uns immer mehr entfalten und damit auf unsere Seele hören. Der Lebensweg bietet uns diese Erfahrung. Das heißt, wie schon beschrieben, nehmen wir uns im Jenseits weniger die tatsächlichen Umstände im Diesseits vor als vielmehr den emotionalen Umgang damit. Um die erwählte Entwicklung vollziehen zu können, entscheiden wir uns für bestimmte Eltern in dieser oder jener Kultur.

Kein Mensch ist perfekt, und die Vollkommenheit liegt darin, dass wir die Kraft haben, mit allem umgehen zu können, aus der Quelle der Liebe heraus. Es ist so wichtig zu verstehen und zu vergeben, frei von Anhaftungen zu werden. Es ist nicht wichtig, was im früheren Leben war, sondern die Gefühle, die jetzt da sind, sind wichtig.

Wie schon beschrieben, ist es auf Erden so, dass es keinen vorgenommenen Lebensverlauf und kein vorgenommenes Schicksal gibt, sondern diese entstehen auch aus Situationen heraus. Umso mehr sollten wir tiefstes Mitgefühl für Menschen haben, denen große Not widerfährt, z. B. für Menschen, die von Kriegen betroffen sind oder die durch andere gravierende Erfahrungen in ihrem Glauben und in ihrer Herzenskraft gestärkt werden müssen, um all das verarbeiten zu können.

Es gibt Schicksale, die vorgenommen wurden, und Schicksale, die durch Umstände entstanden sind. Wir können also nicht immer bestimmen, was auf uns zukommt, denn das hängt mit vielen anderen Faktoren zusammen. Jedoch können wir in unserem freien Willen, der uneingeschränkt ist, stets bestimmen, wie wir mit den Dingen umgehen. Dies sollte immer in Liebe und Vergebung geschehen. Ich habe wiederholt festgestellt, dass gerade die Menschen, die ihr Leid überwunden haben, die mitfühlendsten Wesen sind, sie sind für andere zu wahren Vorbildern geworden.

Ich habe auch beobachtet, dass ein Schicksal aus einer akuten Resonanz heraus entstehen kann, denn wir haben unsere individuellen Prägungen. Die Erziehung, die wir genossen haben, unsere Kultur, die Religion, mit der wir aufgewachsen sind, haben uns geprägt, haben unser Selbstbild, Menschenbild und Weltbild geformt. Deshalb ist es so wichtig, dass wir uns stets dessen bewusst sind, ob wir durch Liebe geprägt wurden und stark sind oder ob eher die Angst aus der Erziehung heraus in uns überwiegt. Erwarten wir eher das Schlimmste oder eher das Beste? Wie schwingen wir? In Liebe oder in Angst? Können wir das Leben mit offenen Armen annehmen oder fühlen wir uns eher wie Getriebene? So sollten wir uns in unserer Lebensphilosophie stets weiterentwickeln. Unsere Prägungen beeinflussen uns zwar, doch erst unsere eigenen Entscheidungen machen uns zu dem, wer wir wirklich sind. Der freie Wille ist unantastbar, und darin liegt eine grenzenlose Entwicklungsfähigkeit des Menschen: Je mehr wir uns in unserer liebevollen Kraft erkennen, umso mehr spüren wir unsere göttliche Seele.

Nehmen wir als Beispiel das Beziehungsverhalten von Frauen, die einen sehr dominanten Vater hatten. Solche Frauen ziehen häufig Partner an, die ebenfalls dominant sind. Dominanz ist ihnen vertraut und gibt ihnen das Gefühl von Sicherheit. Harmonie haben sie in ihrer Familie nicht kennengelernt. So wird ihnen auch ein ausgeglichener, kompromissbereiter Mann nicht attraktiv erscheinen.

Deshalb ist es wichtig, dass die intensivste Beziehung, die wir führen, die mit uns selbst ist. Diese innige Verbindung benötigen wir für unsere Selbsterkenntnis und Selbstliebe. Denn wir können die Liebe des Partners nur in der Form annehmen, wie diese in uns bereits vorhanden ist. Deshalb sollten wir uns niemals mit einer Schieflage wie einer ungesunden Partnerschaft zufriedengeben, sondern das Lichtvolle, Liebevolle über alles stellen und uns fragen: »Was kann ich in meiner Selbsterkenntnis und Selbstliebe hier lernen? In welcher Tugend kann ich reifen und mich somit über die Not hinaus entwickeln, meinen Frieden in mir finden und entsprechend mein Umfeld gestalten?« Denn wir alle haben das optimalste Lernumfeld, und genau im Hier und Jetzt sollten wir auch ansetzen in unserer Liebe, in unserer inneren Freiheit. Die Liebe und Anerkennung, die wir benötigen, können nur wir selbst uns geben, denn darin liegt auch der Lebenssinn. Je weniger wir den Partner brauchen, umso weniger besteht die Gefahr, ihn zu verbrauchen. In dieser Haltung der inneren Unabhängigkeit können wir seine Anwesenheit wertschätzen und genießen. Das macht eine gleichberechtigte Partnerschaft aus. Deshalb sollten wir Liebe in allen Lebensbereichen kultivieren, ob beruflich, privat oder gesundheitlich. Wir sollten uns dies stets vor Augen führen und schauen, wie wir unser Herz für uns selbst noch mehr öffnen können. Denn aus einer lichtvollen Gegenwart heraus gestalten sich auch ein lichtvolles Schicksal und somit eine lichtvolle Zukunft. Mit unserem Selbstvertrauen steht und fällt oftmals alles. Darin liegt die größte Chance, die es überhaupt geben kann, wenn wir erkennen, dass alles, was wir brauchen, tatsächlich in uns ist, in unserer Liebe und Selbstwürde. So sollten wir also bei unserer Schicksalsgestaltung achtsam auf das globale spontane Geschehen, jedoch auch auf die eigene Form der Resonanz und auf eigene Glaubenssätze achten, sodass die Liebe die Angst überwiegt. Denn im Leben geht es manchmal darum, auch in tiefster Finsternis die Liebe in sich und die Hilfe der geistigen Welt zu erfahren.

Neben diesen äußeren Aspekten und Prägungen kommen wir nun zum individuellen Schicksalsstrom im individuellen Seelenplan. Wir nehmen uns sozusagen einen roten Faden im Seelenplan vor, der sich durch die Synchronizität erfüllt. Wir nehmen uns die wesentlichsten Haltestellen im Leben vor, die sich durch diesen inneren Ruf, durch innere Stimmigkeit ausdrücken und uns Kraft geben, auch über etwas hinauswachsen zu können. Für so eine große »Haltestelle«, für eine vorgenommene Erfahrung im Seelenplan, möchte ich ein Beispiel aus meinem eigenen Leben geben:

In Russland haben wir, da meine Mutter Wolgadeutsche ist, sehr unter sozialer Isolation gelitten. Als wir nach Deutschland kamen, wurden wir als Russen abgestempelt und haben uns ebenso isoliert gefühlt. Im Alter von zwölf Jahren habe ich mit dieser Situation gehadert. Ich hatte meine Freunde in Russland zurückgelassen und war nun in einem fremden Land mit einer vollkommen anderen Sprache gelandet. Oftmals stellte ich mir die Frage: »Wo ist mein Zuhause und was ist meine Heimat?«

Heute weiß ich, dass Gott meine Heimat ist. Ich weiß, dass man in Liebe auch liebevollen Menschen begegnet, egal in welchem Land man ist. Wem man begegnet, hängt auch vom eigenen Charakter und der eigenen Ausstrahlung ab. Damals, in diesem schwierigen Alter, hatte ich keine Vorbilder, die mich in Deutschland sozial auffangen konnten, weder in der Mentalität, noch in der Sprache. Ich hatte nur die Wahl, entweder mein Herz zu verschließen, verbittert zu sein und mich als Außenseiterin zu fühlen oder in Liebe mein Herz zu öffnen und Sinnvolles zu erfahren. Ich erinnere mich, wie ich mich zu dieser Zeit mit einer Jugendgruppe auf eine Waldwanderung begab. Während wir durch die Natur liefen, kam mein Geist zur Ruhe. An einer Stelle fiel mein Blick auf einen großen Baum, der mich magisch anzog. Dieser Moment war wie ein Déjà-vu für mich. Es fühlte sich so an, als ob sich zwei Bilder übereinanderlegten, und es war mir klar: »Diesen Ort, diesen Moment habe ich schon einmal gesehen, habe ich schon einmal erlebt.« Manche kennen ein Déjà-vu aus einem vergangenen Leben. Es gibt jedoch auch Bilder, die man sich im Seelenplan vorgenommen hat und in tiefster Stimmigkeit im Leben erlebt. Dieses Gefühl war mir so vertraut, dass es für meine Seele absolut stimmig war, an diesem Ort zu dieser Zeit zu sein. Ich spürte plötzlich, dass ich hier im Leben richtig bin, auch wenn es jetzt gerade schwierig war. Ich spürte, es hat seinen Sinn, und alles wird gut werden. Dieses Erlebnis und diese Erkenntnis haben mir so viel innere Ruhe gegeben, dass ich aufhören konnte, mit meinem Schicksal zu hadern.

Danach haben mein Leben und meine Entwicklung eine interessante Wendung genommen. Zwei Jahre lang war ich traurig und verschlossen gewesen und war es mir schwergefallen, die für mich so fremde deutsche Sprache zu verstehen. Doch nach dieser Erfahrung im Wald kam Neugier auf das Neue in mir auf und ich lernte innerhalb kürzester Zeit Deutsch. Weil ich mich innerlich dem Leben öffnen konnte, konnte der Himmel mich führen und das lichtvolle Schicksal sich auch gestalten.

Ich stelle im Rückblick fest, dass wann immer ich Déjà-vus oder Schlüsselerlebnisse, Tag- und Nachtträume, besondere Erinnerungen, intuitive Kräfte, ein Gefühl von Stimmigkeit hatte, in diesen Lebensmomenten meine innere Kraft besonders aktiviert wurde und ich dabei über meine Grenzen hinauswuchs. Und so ist es auch heute noch.

Immer dann, wenn ich meine Lebenssituation und meine eigenen Begrenzungen akzeptiert habe, anstatt gegen sie zu kämpfen, konnte ich die Erfahrung machen, dass sich meine Grenzen plötzlich erweiterten und ich neue Kompetenzen bilden konnte. Immer dann, wenn ich mich dem Leben hingegeben habe, den jeweiligen Moment voller Hingabe angenommen habe, durfte ich Wunder erleben. Ich konnte erleben, dass sich mir neue Möglichkeiten öffneten und mein lichtvoller Seelenplan sich zusehends erfüllen konnte. Denn der Seelenplan gestaltet sich in Liebe und nicht im Kampf. Auf die eigene Seele zu hören, bedeutet, sich einem liebevollen Empfinden hinzugeben, anstatt zu hadern.

Genau darin habe ich stets die Faszination des Lebens erkannt. Dies gelingt einem, wenn man das Leben nicht als etwas Selbstverständliches betrachtet, sondern als etwas Wertvolles und Einzigartiges. Dann begreift man, dass es tatsächlich nur zwei Möglichkeiten gibt, das Leben zu leben: Entweder man nimmt die Haltung ein, dass es keine Wunder gibt, oder man nutzt das liebevolle Bewusstsein und glaubt daran, dass alles, die ganze Welt und das Leben, ein Wunder ist! Dies können wir, indem wir uns selbst als Wunder erleben, indem wir bei all unseren Prägungen reifen und erkennen können, dass aus uns eine herzliche und strahlende Persönlichkeit geworden ist.

Wir sollten uns bei der Auseinandersetzung mit dem Thema Schicksal von blockierendem einseitigem Denken lösen. Bis jetzt haben die Menschen entweder die Opferhaltung oder die Täterhaltung eingenommen. Gedanken aus der Opferhaltung heraus sind z. B.: »Immer passieren mir schlimme Dinge, ich Ärmste/r!« oder: »Mein Partner/meine Partnerin soll für mich eine Entscheidung treffen, ich bin dazu nicht in der Lage.« Eine solche Haltung führt zu nichts, außer zur Stagnation. Gedanken der Täterschaft sind z. B.: »Ich setze mich mit aller Macht durch«, oder »Ich nehme mir, was ich will, um jeden Preis.« Auch diese Haltung führt zu Unheil. Der Opferschwingung liegt versteckte Angst zugrunde und der Täterschwingung Aggression. Doch hinter der Aggression steckt oft auch Angst, und Angst ist natürlich niemals ein guter Ratgeber, weder in der Opfer- noch in der Täterhaltung.

So sollten wir aufhören, das Schicksal aus der Angst heraus zu betrachten, sondern anerkennen, dass wir aus der Liebe heraus handeln können. Dabei ist es wichtig, sich den Begriff Liebe deutlich zu machen. Denn manche Menschen bleiben in der Angst verhaftet und verknüpfen Liebe mit etwas, was von außen kommt: »Wenn der andere mich liebt, dann geht es mir gut.«

Die Quelle der Liebe wird im Außen gesehen, dabei ist die friedenstiftende Liebe immer nur im Innen zu finden.

Beim Begriff Liebe geht es auch nicht um die Selbstverliebtheit, welche oftmals unserer Ellenbogengesellschaft entspricht, nach dem Motto: »Jetzt komme ich und alle anderen mögen mir weichen!« Es geht auch nicht um sehnsüchtige Liebe, die einen nach außen treibt, sondern um friedvolle, stille Energie. Liebe ist auf den ersten Blick unprätentiös, harmonisch und still, doch in tiefer mystischer Kraft entfaltet sich in uns unser Seelenpotenzial. Aus diesem inneren Frieden heraus erfahren wir, dass wir ein Schöpferpotenzial haben, dass wir selbst Schöpfer sind, dass wir durch unsere Gedanken, unsere Gefühle und unsere Handlungen unser Leben formen.

Dabei merken wir, dass belastende Gedanken auch Belastendes nach sich ziehen, Angstgefühle Ängstigendes und eine unsichere Haltung Unsicherheiten anziehen. Wir erkennen in allem unsere eigene Kraft der Resonanz. Dann stellt sich uns unweigerlich die Frage: Wie können wir aus dem belastenden, von Angst geprägten Schöpferstrom in eine liebevolle, kraftgebende innere Haltung gelangen? Dies gelingt uns, indem wir aufhören, zu bewerten, und indem wir anfangen, das Leben zu verstehen. Indem wir die besagte Opfer- oder Täterrolle durch einen aufmerksamen Beobachter in uns ersetzen.

Spirituelle Praxis bedeutet dabei: Ich nehme mir etwas Zeit, meine eigenen Gedanken zu beobachten, um so Prägungen, mein tatsächliches Selbst- und Weltbild zu erkennen und in meiner liebevollen Lebensphilosophie über die eigene Selbsterkenntnis alles zum Guten umzuwandeln.

In meiner spirituellen Praxis achte ich auch aufmerksam auf meine Emotionen. Denn der, der seine Gefühle gestaltet, also Einfluss auf seine Gefühle übt, der gestaltet auch sein Schicksal, und der, der seine Gefühle erleidet, erleidet auch sein Schicksal. Die Kraft unserer Emotionen ist sehr mächtig und stark. Ich gönne mir immer meine spirituelle Zeit, um noch mehr Beobachter meines Atems zu sein. Denn ein flacher Atem spiegelt eine ängstliche innere Haltung wider. Aus einem flachen und hektischen Atemrhythmus heraus Entscheidungen zu treffen, ist niemals hilfreich. Ein tief in den Bauch fließender Atem hingegen bedeutet, Vertrauen in sich und in die himmlische Führung zu haben. Unser Atemrhythmus hat auch einen entscheidenden Einfluss auf unseren Lebensrhythmus. Durch diese Achtsamkeit werden wir zum aufmerksamen Beobachter unseres Lebens, um dann intuitiv zu wissen, wann und wie wir zu handeln haben und was wirklich gut für uns ist.

Darin liegen die Selbstermächtigung und die Fähigkeit, sein Leben nach eigener Fasson zu gestalten. Dann sind wir in der Lage, aus innerer Sicherheit und damit aus Liebe heraus dort »Nein« zu sagen, wo ein Nein angebracht ist, und von ganzem Herzen dort »Ja« zu sagen, wo ein Ja angebracht ist. Denn nur ein hundertprozentig empfundenes Ja oder Nein zu den Dingen bringt uns auch konsequent weiter. Ein »Jein« dagegen spiegelt Unsicherheit und Ängstlichkeit wider. Eine solche »Nichtentscheidung« ist aber auch eine Entscheidung, nämlich die Entscheidung, andere für einen entscheiden zu lassen. Das Ergebnis, das dabei herauskommt, entspricht meist nicht dem, was unserer Seele guttut. Wenn wir eigenständig eine Entscheidung aus dem

Herzen treffen, wenn wir aus ganzem Herzen Ja oder Nein zu etwas sagen, dann entsteht eine Kraft in unserem Inneren, die uns befähigt, mit den Folgen umzugehen, wir sind dann allem gewachsen.

So sollten wir uns immer wieder die Zeit nehmen, um auf unseren Seelenruf zu hören. Dabei sollten wir uns in unseren Gedanken, Gefühlen und mit unserem Atem auf die liebevolle Lebensphilosophie einschwingen und uns unserer wahren Bedürfnisse bewusst werden. Währenddessen sollten wir uns unserer tatsächlichen Befindlichkeit bewusst werden und uns selbst fragen: »Wie möchte ich mich fühlen?« Dann werden wir auch wissen, was wir dafür zu tun haben. Machen wir diesen Schritt im Inneren, so kommt das Leben auch im Außen in den Fluss. Dann verstehen wir, was es bedeutet, wenn die Engel sagen: »Vertrauen bedeutet, sich vollen Mutes dem Leben zu stellen.« Durch die Bereitschaft, sich in seiner Persönlichkeit zu entfalten und somit in seiner Reife über etwas, was einem nicht mehr guttut, hinauszuwachsen, macht unsere Seele frei. Aus dieser inneren Friedfertigkeit heraus kann etwas Neues, Lichtvolles entstehen, etwas, woran wir heute noch gar nicht denken können. So mögen wir auf unsere Gefühle und Gedanken achten und unseren Atem immer wieder vertiefen, uns bewusst genießen und Frieden in uns zulassen.

Wir sollten immer, ganz gleich, was geschieht, aus angsterfüllendem Gedankengut hinausgehen, hinein in ein von Liebe erfülltes Empfinden, wir sollten unsere emotionale Intelligenz dadurch stärken und privat wie auch beruflich stets lichtvolle Ziele vor unseren Augen halten. Aus diesem lichtvollen Fokus heraus werden wir dann zur richtigen Zeit stets wissen, was sinnvoll für uns ist, dies angehen und im Leben vorankommen.

Zusammenfassend können wir sagen: Alle Probleme, auch im Schicksal, entstehen aus der Angst heraus, alle Lösungen finden sich in der Selbstliebe. Wir können in einer liebevollen und herzlichen Lebensphilosophie aus der bewussten wie auch unbewussten Opfer- oder Täterhaltung heraustreten, indem wir zum aufmerksamen Beobachter werden, die Qualität unserer Gedanken, Gefühle und des Atems betrachten, unsere Schöpferkraft befreien und unserer liebevollen Seele folgen.

Dann sind wir aufmerksam und können die himmlische Führung in allem erkennen. Dasselbe gilt auch bei gesundheitlichen Angelegenheiten. Wir sollten uns mit einer Krankheit nicht einfach abfinden, denn dies würde auch einer Opferhaltung entsprechen. Wir sollten jedoch auch nicht aggressiv gegen sie kämpfen, dies wäre die Täterhaltung. Krankheit ist oftmals der Ausdruck von Emotionen in uns, und es würde keinen Sinn ergeben, gegen sich selbst zu kämpfen. Wir würden dabei auch zu sehr mit der Krankheit selbst in Resonanz treten und ihr Energie geben. Wir sollten auch nicht alle Erkrankungen auf die Psyche schieben, denn Erkrankungen können viele Ursachen haben. In solchen Fällen gilt es, auf seine Seele zu hören und lösungsorientiert zu denken. Dazu gehört auch, sich mit seiner Situation bewusst auseinanderzusetzen und dabei über den bisherigen Horizont hinauszuschauen, das entsprechende Schicksal als eine Aufgabe anzuerkennen und anzugehen, anstatt darunter ausschließlich zu leiden. Neben der medizinischen Behandlung und Beachtung einwirkender Faktoren ist es wichtig, innerlich Frieden mit allem zu schließen. Vergangene Belastungen lichtvoll zu erlösen und den hoffnungsvollen Fokus auf die Gesundheit zu legen. Dann können die natürlichen Selbstheilungskräfte in uns bzw. die göttliche Kraft in unserer Seele freier fließen und aus Liebe heraus die lichtvolle Zellkommunikation in unserem Körper aktiviert werden, was positiv auf Immunsystem, Stoffwechsel und Hormonsystem wirkt.

Das Leben ist unendlich vielseitig und voller Fülle. Es gibt immer etwas zu entdecken und zu entwickeln. So sollten wir aufmerksam, interessiert und kreativ sein und gleichzeitig die uns erreichenden Mitteilungen anderer in unserer Seele nach ihrer Nachvollziehbarkeit, Umsetzbarkeit und Liebesempfinden prüfen:

> Ist der Impuls für unseren gesunden Menschenverstand nachvollziehbar?
> Ist er in unserem Alltag umsetzbar?
> Fühlt er sich für unser Herz stimmig und liebevoll an?

Je mehr wir unserem Herzen folgen, umso mehr sind wir mit unserem für diese Inkarnation vorgenommenen und lichtvollen Seelenplan verbunden. Je erfüllter, zufriedener, kraftvoller wir uns fühlen, umso mehr schwingen wir in der Kraft der Liebe, und es können sich uns neue Möglichkeiten im Leben öffnen, welche wir dann auch ergreifen sollten. Dann blicken wir auf unser Leben voller Stimmigkeit, Dankbarkeit und Liebe.

Meditation »Ich segne meinen Seelenplan«

> Setze dich ganz bequem hin und schließe die Augen.
> Spüre in deinen Körper hinein und lass dabei alle Spannungen in der Muskulatur los.
> Richte dich auf und spüre die Weite des Himmels über dir.
> Lass alles Gewesene einfach an dir vorbeiziehen, und spüre in deinem Herzen das, was sich für dich in diesem Moment als sinn- und lichtvoll anfühlt und dein Herz mit liebevoller Weite erfüllt.
> Gönne dir die innere Stille und erkenne alles, was schön und kraftvoll in deinem Leben ist und wofür du dankbar sein kannst.
> Sind es die Menschen, die dich umgeben? Oder empfindest du Dankbarkeit für deine persönlichen Herzensstärken und Lebenserfahrungen?
> So lächele alles an, was dir in den Sinn kommt.
> Mache dir bewusst, dass alles, was du erreicht und gemeistert hast, du dir selbst, deiner liebevollen Kraft zu verdanken hast, und spüre tiefe Liebe zu dir.
> Sollten während der Meditation konfliktreiche Themen hochkommen, so besinne dich stets auf die Kraft der Liebe und sei währenddessen offen für lichtvolle Lösungen. Lass dir Zeit, damit diese in deinem Bewusstsein ankommen können.
> So folgst du deinen liebevollen Lösungen und somit deinem Herzen. Deine Seele zeigt dir intuitiv einen friedvollen Weg.
> Erinnere dich mit jedem Atemzug daran, dass wir uns in unserem lichtvollen Seelenplan weniger die tatsächlich ein-

tretenden Umstände vorgenommen haben als vielmehr den
emotionalen Umgang damit.

> Möge die emotionale Kraft der Liebe dir starken inneren Halt
  geben, sodass du mit allem Frieden schließen kannst. So wirst
  du freier von Anhaftungen, von all dem, was dir nichts mehr
  nützt.

> Gönne dir einige Atemzüge Zeit, um einen friedvollen Klang
  in deinem Herzen zu spüren, und segne deine Bedürfnisse und
  Wünsche.

> Nimm dabei deine heilenden Hände in Gebetshaltung vor
  deinem Brustraum zusammen.

> Mache dir bewusst, dass du mit der lichtvollen geistigen Welt
  in Liebe verbunden bist.

> Öffne nun deine Hände nach oben und stelle dir dabei vor, dass
  das segnende helle weiße Licht aus deinen Händen nach oben
  strömt, während du innerlich eine Bitte sprichst:

> »Liebe lichtvolle geistige Welt, ich danke für das Leben, bitte
  unterstützt mich auch weiterhin in allem, was meinen Aufgaben entspricht. Möge sich in meinem Schicksal alles so
  entwickeln, wie es sinn- und lichtvoll für meine Entwicklung
  sowie für die Entwicklung aller Beteiligten ist. Denn ich weiß,
  von Herzen sind wir in Liebe stets verbunden. Der Himmel
  führt uns. Und voller Vertrauen und Achtsamkeit gestalte ich
  mein Leben.«

> So übergib deine Bitte nach oben und lass ganz viel Frieden
  in dir zu.

> Sobald deine Hände schwerer werden, kannst du sie aus-
  streichen, mehrmals tief durchatmen und nachspüren,

was sich verändert hat in deinem Inneren. Fühlst du dich heller, entspannter und friedvoller?

> Du kannst diese Segnung und Meditation jederzeit ausüben und dich dadurch mit deinem Seelenplan bewusster verbinden, sodass lichtvolle Lösungen dein Bewusstsein erreichen können, denn die Liebe ist dein Weg.

Selbstliebe und Seelenplan

Es ist die Bestimmung unserer Seele, das göttliche Licht in uns auf die Art zum Leuchten zu bringen, zu der nur wir selbst in der Lage sind. Je mehr wir von innen heraus leuchten, umso mehr sind wir bei uns und umso mehr haben wir Kraft in uns. Je stärker wir leuchten, umso eher springt auch der Funke auf jemand anderen über und inspiriert und stärkt ihn.

Die Liebe ist ein natürliches und überaus wichtiges Empfinden, denn ohne Liebe wäre das Leben gar nicht möglich, und ohne Selbstliebe ist Liebe an sich nicht möglich. Gerade mit der Liebe hadern so viele Menschen. Und genau das behindert den Menschen an der Erfüllung eines glückseligen Lebensverlaufs.

Die Selbstliebe wird oftmals mit Selbstverliebtheit verwechselt. Selbstverliebtheit ist keine echte Liebe, sie ist nur ein oberflächliches Gefühl. Man sieht nur, was an einem toll ist, und das spiegelt man auch nach außen. Selbstliebe dagegen ist ein stilles, ruhiges und friedvolles Empfinden. In dieser friedvollen Energie ruhen wir in uns, wir nehmen weder jemandem etwas weg noch schaden wir, sondern wir sind ganz in unserer Mitte, in unserer Bewusstheit, in unserer Kraft. Doch oftmals benötigt es viel Stärke und eigene Überzeugungsarbeit, um dieses Empfinden zuzulassen. Vielfach sind wir eher ungeduldig oder passen uns an oder stellen unser Licht unter den Scheffel.

Leider wird uns dieses friedvolle, liebevolle Mitgefühl, die Ebenbürtigkeit, und das Miteinander viel zu selten vermittelt, sodass wir uns diese inneren Stärken meist selbst erarbeiten müssen. Wir müssen selbst zu dem Wissen gelangen, dass wir als göttliche Seelen liebenswert, liebevoll und kraftvoll sind. Das Miteinander, das Soziale ist auch das Heilige! Mit dieser liebevollen Kompetenz, mit der wir in der Lage sind, klar, konsequent, flexibel und liebevoll mit jedem umzugehen, gelingen uns das Leben und unsere Beziehungen leichter, denn unser ganzes Leben besteht aus Beziehungen. Doch wenn sich der Mensch aus Angst klein macht oder in Aggression verfällt und sich über andere stellt, fehlt ihm diese Kompetenz.

Je mehr es im eigenen Inneren an Sicherheit und Vertrauen mangelt, umso disharmonischer wird eine Persönlichkeit sein und umso mehr schürt diese Persönlichkeit auch Disharmonie in der Gemeinschaft. Das kennt man zur Genüge aus der Politik, dem Arbeits- und privaten Leben. Dabei ist es so wichtig zu verstehen, warum ein Mensch in die Disharmonie gerät. Eben aus fehlender Sicherheit und Vertrauen.

Wir sollten nicht versuchen, andere nach unseren Vorstellungen zu verändern. Das können wir gar nicht. Wir selbst müssen die Veränderung sein, nach der wir uns sehnen. Wir können nur bei uns selbst anfangen, in unserer Liebe und Friedfertigkeit mit uns selbst auch persönliche Lösungen suchen. Wie oft machen sich die Menschen ihr Leben schwer, indem sie sich den Kopf darüber zerbrechen, was andere über sie wohl denken mögen. Und wie glücklich könnten sie sein, wenn sie wüssten, wie wenig in Wirklichkeit andere sich Gedanken über sie machen. Jegliche Täuschung und Enttäuschung entstehen dabei aus der Selbsttäuschung heraus. Der einzig wahre Weg, den Frieden in sich selbst zu finden, ist das Kultivieren von Selbstliebe und eines friedlichen Bewusstseins; denn dann sind wir beziehungsfähig und jede Beziehung kann aufblühen. Wir können dann das Stimmige anziehen und gestalten und dort, wo es nötig ist, auch heilsame Trennungen vollziehen.

Warum ist die Selbstliebe so wichtig? Die All-Liebe ist ja unser aller Lebenssinn, aber diese All-Liebe können wir nur erleben, wenn wir ganz frei von Bewertung und Verurteilung sind. Das heißt, in unserer emotionalen Intelligenz haben wir uns stets zu entfalten und uns weiterzuentwickeln. Durch die körperliche Erfahrung auf dieser Erde haben wir die Möglichkeit, die Liebe in verschiedenster Form kennenzulernen, z. B. die Liebe zum Partner, die Liebe zum Kind, die Liebe zu den Eltern, die Liebe zu Gott, die Liebe zum Beruf, die Liebe zum Leben, die Liebe in jeglicher Form. Doch oftmals fühlen wir keine wahre Liebe, weil wir überhöhte Erwartungen an andere haben und eine Sehnsucht nach einer ekstatischen Form der Liebe. Wenn wir diese Erwartungen aufgeben, auch die Erwartungen an uns selbst, uns zurücknehmen und wirklich in das Empfinden der liebevollen

Stille in uns hineinkommen, dann sind wir frei und können unseren Seelenklang hören, dann sind wir in unserem lichtvollen Sein angekommen, weil wir aus dem Herzen heraus leben. So selbstverständlich auch diese göttliche Kraft in uns ist, so müssen wir sie doch immer wieder neu entdecken und in allen Lebenslagen kultivieren, denn wir alle sind geprägt von belastenden Vorstellungen des Lebens.

Liebe entspricht einem intensiven Bewusstseinszustand, der in alle Lebensbereiche hineinreicht. Doch tun sich viele Menschen damit schwer, weil sie die Liebe in dieser friedensstiftenden Form noch nicht oder nicht genügend kennengelernt haben. Denn nicht alle Menschen sind es gewohnt, liebevoll auf ihr Herz zu hören und ihrem Herzen zu folgen. Beispielsweise bei der Berufswahl: Wie viele Menschen wählen ihren Beruf fremdgesteuert? Die einen entscheiden sich für einen Beruf, der in der Gesellschaft hohe Anerkennung genießt, andere für einen, bei dem man viel Geld verdienen kann, wieder andere für einen, den die Eltern vorgegeben haben. So ist es kein Wunder, wenn viele auf halbem Weg durch Selbstzweifel und Erschöpfung aufgeben. Wie viele Menschen tun etwas aus Überzeugung, aus der inneren Leidenschaft ihres Herzens heraus, aus innerer Freude am Leben, aus innerer Stimmigkeit heraus? Doch genau daraus offenbart und entfaltet sich der lichtvolle Lebensweg und der Erfolg.

In diesem Zusammenhang fällt mir ein Beispiel von einer jungen Frau ein. Als sie noch Schülerin war, kam sie zu mir und fragte mich: »Was sagen denn die Engel? Welchen Beruf soll ich wählen? Was soll ich tun?« Dieses »Was« ist jedoch sekundär, entscheidender ist immer, wie ich mich im Leben fühlen und entwickeln möchte. Und darauf bezogen sollte man seine Ziele definieren, die einen dann beinahe schon von allein finden. Das, was quasi von allein kommt und sich stimmig anfühlt, hat auch viel mit dem Seelenplan zu tun. Wir bekommen viel Unterstützung »von oben«, doch ein bisschen müssen wir natürlich auch selbst tun. Bleiben wir also aufmerksam und horchen auf unsere Seele.

Bei dieser jungen Frau sah ich in ihrer Aura ätherische Bilder von vielen Tieren und ich vermittelte ihr die Botschaft ihres Schutzengels: Ihr Weg gehe zu den Tieren hin, sie solle in sich hineinfühlen und spüren, wie gut ihr die Arbeit mit Tieren täte, und dementsprechend möge sie ihren Beruf wählen. Sie lächelte daraufhin und sagte, dass Tiere ihr das Liebste seien. Sie erzählte mir, dass sie reite, auch in Tierheime gehe, um zu helfen. Das heißt, es steht in ihrem Seelenplan, dass sie durch diese Hingabe und Liebe ihre Persönlichkeit entwickeln kann. Doch ob sie dabei Veterinärmedizin studiert, eine Ausbildung zur Tierpflegerin oder etwas anderes macht, das wird sich ergeben, je nachdem, was ihr Freude bereitet, was ihr gut liegt und welche Möglichkeiten ihr das Leben diesbezüglich bietet. Es war schön zu sehen, dass sie mit einem Lächeln nach Hause gegangen ist, mit der inneren Stimmigkeit, dass sie auf dem richtigen Weg ist, ohne sich in einer fixen Idee festzubeißen, sie müsse dies oder jenes tun. Denn wir müssen gar nichts, sondern wir dürfen unserem Herzen folgen. Dann erleben wir uns auch in einem sinnerfüllten Wirken und fühlen uns wohl.

Manchmal begegnen mir bei spirituellen Veranstaltungen Menschen, die einen etwas verbissenen Eindruck machen und sagen: »Ich möchte unbedingt Coach oder Heiler werden!« Ich frage dann gern: »Warum?« Dann bekomme ich oft die Antwort: »Um anderen Menschen die Liebe zu lehren.« Dabei höre ich oft schon an ihrem Unterton, dass da etwas ist, was nicht von Herzen kommt. Dann frage ich sie: »Wie oft hast du deinen Kindern sagen können, dass du sie liebst, dass sie liebenswert und liebevoll sind?« Gar nicht so selten sagen genau diese Menschen, die andere Liebe lehren wollen, dass sie dies ihren Kindern eigentlich noch nie in dieser Form gesagt hätten. Das eigene Manko an Eigenliebe verdrängen viele, projizieren es auf andere und wollen es bei ihnen über Mitleid heilen. Aller Voraussicht nach wird es ihnen aber nicht gelingen, anderen Menschen dieses Gefühl der Liebe zu vermitteln, denn diese Kraft kann man nur vorleben. Liebe lässt sich nicht lehren oder lernen, es ist ein Gefühl, das jede/r in sich selbst zulassen und kultivieren muss.

Wir können lange über die Liebe sprechen und jede/r würde einen Hauch einer Vorstellung davon haben, aber nie das tiefe Empfinden und die wahre Erfahrung. Wir können uns jedoch umarmen und dann wissen wir über dieses Erleben mehr.

Wir sollten also unsere drängenden Wünsche immer wieder hinterfragen, wir sollten nach dem Warum fragen. Ist dieser Wunsch wirklich in unserem lichtvollen Seelenplan integriert? Wenn ja, werden wir auch dahingeführt werden, und er wird sich erfüllen. Dann macht es auch Sinn, etwas durchzustehen. Ansonsten wird es unproduktiv bleiben. Wenn jemand, wie im Beispiel oben, Coach oder Heilerin werden will, um seine eigenen Blockaden in anderen zu therapieren, kann dies zu keiner Erfüllung führen.

Eine der ersten Botschaften in meiner spirituellen Berufung lautete: »Eine heilerische, spirituelle Berufung übt man nicht aus, um geliebt zu werden, sondern weil man liebt.« Das ist ein wesentlicher Unterschied in der Lebensqualität, in der Gestaltungsmöglichkeit unseres Lebens und im Ausdruck. In jungen Jahren, noch als Schülerin, hatte ich keine Vorstellung davon, was ich später einmal werden möchte. Ich hatte einige Ideen, doch in meinem Umfeld boten sich mir keinerlei Möglichkeiten und Unterstützung, um diesen nachzugehen. Trotzdem bin ich zum Teil aus eigener Kraft, vor allem aber durch himmlische Unterstützung Autorin und Heilerin geworden und halte Seminare und Lehrgänge ab. In jungen Jahren bin ich dem vorgegebenen beruflichen Werdegang meiner Eltern gefolgt und habe Immobilienkauffrau gelernt. Ich war allerdings sehr unglücklich damit, weil das einfach nicht zu mir gepasst hat. Trotzdem spürte ich ganz tief im Herzen, dass ich zu Ende bringen würde, was ich angefangen hatte, um einen sicheren Beruf zu haben. Mir war klar, auch wenn es mir jetzt nicht leichtfällt, wird es am Ende doch einen Sinn ergeben. Heute bin ich glücklich darüber, denn im Nachhinein hat es sich als sinnvoll für meine jetzige Eigenständigkeit erwiesen. Ich habe manchmal die Erfahrung gemacht, dass es im Leben nicht darum geht, dass immer alles nur leicht sein muss, sondern solange wir etwas Sinnvolles spüren in dem, was wir tun, solange entwickeln wir uns auch darin zu etwas noch Größerem, und dann bringt es uns auch weiter. Nach meiner damaligen kaufmännischen Ausbildung führte mich mein Weg, mein Schicksal in eine Naturheilpraxis. So entwickelte ich mich immer mehr in den heilerischen Bereich hinein, und durch die Fragen der Menschen entstanden damals Beratungen unter Zuhilfenahme der Engeldurchsagen und das energetische Handauflegen. So konnte ich über Jahre immer mehr medizinisches und psychologisches Wissen mit meinem spirituellen inneren Wissen und meinen Gaben verbinden und mithilfe der geistigen Welt einen eigenen heilenden Ansatz entwickeln, nämlich das »Cosmogetic Healing«. Niemals hätte ich gedacht, dass ich einmal vor einem großen Publikum sprechen werde und Menschen in ihren Heilungskräften ausbilde. Diese Aufgaben sind durch meinen Entwicklungsprozess entstanden und haben mich gefunden. Dies wurde geführt durch die Menschen, die mir verbunden waren, und durch die Menschen, die mit ihren vielen Fragen auf mich zugekommen sind. Bald darauf erwachte der innere Ruf, Vorträge und Seminare zu halten. Ich höre auch den inneren Ruf, mit jedem Schritt weiterzuforschen und mich weiterzuentwickeln. Diesem inneren Prozess, der auch große Schritte im Außen nach sich zog, bin ich voller Hingabe gefolgt, ohne ein starres Ziel vor Augen zu haben, sondern weil der Weg sich sinnerfüllt und stimmig anfühlte. Es ging immer darum, liebevolle Botschaften der Engel, Hoffnung und Zuversicht zu vermitteln.

Dieser demütigen Haltung bin ich bis heute treu geblieben. Denn jegliche Form von Verbissenheit führt weg von der Selbstliebe und somit auch vom eigenen lichtvollen Seelenplan. Wir sollten uns weder ein Bild gegen unsere eigene Überzeugung erschaffen, indem wir nach irgendeiner gesellschaftlichen oder familiären Vorstellung leben, noch sollten wir uns ein Bild gegen die Gesellschaft erschaffen. Wichtig ist, aus allem etwas

Sinn- und Lichtvolles zu kreieren und zu schauen, wohin uns unser innerer Ruf führt. Und wenn wir dann etwas anpacken, sollten wir es nach Möglichkeit auch zu Ende bringen. Je sensibler ein Mensch ist, der seinem inneren Ruf folgt, umso bodenständiger muss er auch sein, konsequent, sozial und verständnisvoll. Zu einem lichtvollen Ziel gehört oftmals ein intensiver Bewusstseinsprozess. Und gerade dieser bringt uns dann auch weiter.

Die sieben Bewusstseinsschritte

Deine göttliche Seele drückt sich durch deine Gefühle aus.
Je mehr wir lernen, unseren eigenen Gefühlen,
Ideen und Inspirationen zu vertrauen, umso mehr
machen wir uns unabhängig von Meinungen anderer.
Wir erkennen, was für uns stimmig ist, und folgen
unserem lichtvollen Seelenplan.

Ich habe von den Engeln diesen heilsamen Bewusstseinsprozess zur Selbstliebe durch sieben Bewusstseinsschritte übermittelt bekommen. Sobald eine Herausforderung ansteht, nehme ich mich innerlich zurück, betrachte die Situation aus einer gezielt hervorgerufenen Gelassenheit heraus, um mich nicht von meinen Gefühlen zu etwas hinreißen zu lassen. Dabei gehe ich bewusst diese sieben Bewusstseinsschritte durch, von denen ich schon in meinen anderen Büchern ausführlicher schrieb. Ich möchte sie hier zum besseren Verständnis nochmals kurz erläutern. Wenn es ein Problem gibt, hilft es nicht, dieses durch die rosarote Brille zu betrachten oder zu ignorieren, auch nicht, sich hineinzusteigern. Ich habe stets gelernt, dass man die Probleme erkennen und beim Namen nennen muss.

Hier nun die sieben Schritte:

1. Schritt: Erkenntnis

Der erste Bewusstseinsschritt befasst sich mit der Erkenntnis. Denn ich muss mir dessen bewusst sein, was mich glücklich stimmt und was mir ein Problem bereitet, um es lösen zu können. Aus meiner Sichtweise ist es so, dass wir zum Beispiel Schwermut nicht zu akzeptieren und diesen Zustand als normal zu betrachten brauchen. Stattdessen sollte uns bewusst sein, dass wir herausfinden müssen, was hinter der Schwermut steckt. Wir müssen zum Ursprung der schwermütigen Stimmung gelangen. Vielleicht hat sich eine Tür in unserem Leben geschlossen bzw. hat eine große Veränderung stattgefunden? Doch wir müssen darüber nicht traurig sein, denn sobald eine Tür zugeht, öffnet sich automatisch bald eine andere.

2. Schritt: Verständnis

Eine positive Haltung, ein erhöhtes Bewusstsein motiviert uns, gibt neue Kraft und ermöglicht den zweiten Schritt, nämlich die Fähigkeit zu verstehen, warum sich beispielsweise eine Tür verschlossen oder warum sich eine Krankheit entwickelt hat. So macht man sich auf den heilsamen Weg und erforscht die dazugehörigen Ursachen. Man beginnt, einem individuellen Heilungsweg zu folgen bzw. zu verstehen, warum der eine

Mensch so und ein anderer anders reagiert. Auch sich selbst lernt man auf diese Weise besser zu verstehen: »Warum habe ich ausgerechnet so reagiert?«

Zu einem erfüllten Leben gehört somit ein Bewusstseinsprozess in Form von gelebter Liebe und psychischer Tiefe. Dabei erfordert dieser Bewusstseinsweg viel Kraft, einen starken Willen sowie ein Interesse für die eigene Persönlichkeitsentwicklung und für die Entwicklung liebevoller Charakterstärken. Doch dieser Weg ist nicht überfordernd, sondern befreiend und erfüllend. Je mehr wir im Leben verstehen und Wissen ansammeln können, umso mehr Sicherheit verspüren wir in uns.

3. Schritt: Vergebung
In dieser Sicherheit kann uns dann das Wissen in die Weisheit führen und uns den dritten Bewusstseinsschritt ermöglichen, nämlich die Fähigkeit, zu vergeben. Auch uns selbst sollten wir vergeben, denn wir konnten zu entsprechender Zeit nur so handeln, wie es unserer damaligen Reife entsprach. An solchen Erfahrungen konnten wir in unseren liebevollen Tugenden und in unserem Charakter reifen, sodass wir es heute besser wissen und anders handeln können. Ist dieser innere Prozess vollzogen worden, dann hat die entsprechende Erfahrung auch ihren Sinn und Zweck erfüllt. Vergeben zu können entspricht einer wahren Gnade in uns. Nicht umsonst kann nur der vergeben, der auch lieben kann. Auch das ist eine Form der bedingungslosen Liebe, die das eigene Herz umso mehr öffnet und die Lebensqualität im Hier und Jetzt erhöht.

4. Schritt: Vertrauen

Vergebung öffnet unser emotionales Herz und ermöglicht uns den vierten Bewusstseinsschritt, nämlich die Fähigkeit, noch mehr Vertrauen in uns und das Leben zu spüren. Vertrauen sollte durch die Lebenserfahrungen in uns immer mehr wachsen. Leider verbittern viele Menschen jedoch, da sie zu sehr an vergangenen Erfahrungen hängen, die sie als negativ abgespeichert haben. Weisheit hängt nicht unbedingt vom Alter ab, sondern hat sehr viel mit Liebesfähigkeit und einer liebevollen Lebensbetrachtung zu tun. So müssen wir unsere Herzen für uns selbst öffnen, tiefe Liebe für uns und zum Leben spüren, um dann diese Liebe auch im Außen erkennen und annehmen zu können.

Aus der göttlichen Quelle der Liebe stammen unsere Seelen. In dieser Liebe sollten wir auch leben, denn sie ist unsterblich, und in diese kehren wir dann auch im Jenseits zurück. Dieses Vertrauen ermöglicht uns, wie ein Fels in der Brandung zu sein, ganz gleich, wie laut und stürmisch das Leben auch sein mag. Dann können wir eine innere Haltung einnehmen: »Möge sich die Welt drehen und wenden, wie sie will, in mir ist Ruhe, in mir ist Kraft, in mir ist Besonnenheit, in mir sind Liebe und Klarheit.«

5. Schritt: Mut

Dieses Vertrauen, das wir in uns erfahren, öffnet unsere Persönlichkeit für den fünften Bewusstseinsschritt, nämlich für die Fähigkeit, mutig zu sein. Mut zeigt sich darin, dass wir in der Lage sind, uns den Erfahrungen zu stellen, dabei unsere gewohnte Komfortzone zu verlassen und unsere Kompetenzen zu erweitern. Wir haben Mut, aus alten Verhaltensmustern hinauszuwachsen. Beispielsweise wenn wir bisher bei einer Konfrontation dazu neigten, uns im Opferempfinden ins Schneckenhaus zurückzuziehen oder wenn wir in einer konfliktreichen Situation im Täterbewusstsein in die Aggression verfielen und cholerisch reagierten. So haben wir plötzlich durch eine Veränderung des Blickwinkels die Fähigkeit erlangt, die Geschehnisse anders zu beurteilen und das vorhandene Entzündungspotenzial zu entschärfen. Wir spüren einen neuen Mut in uns, der uns durchatmen und die Situation aufmerksam beobachten lässt, können Souveränität über unsere Gedanken erlangen. Das führt zur Kompetenz, sich anders in einer Konfliktsituation zu verhalten, nämlich mit Taktgefühl und Klarheit. Dann können wir in Achtsamkeit z. B. fragen: »Wie war deine Aussage genau gemeint?«, anstatt aus unbewussten Mustern heraus überzureagieren. Diese Erfahrungen machen uns mit der Zeit gelassener und erfüllen uns mit immer mehr Selbstvertrauen. So gelingt es uns dann auch, über den Dingen zu stehen, nicht alles persönlich zu nehmen, sondern sachbezogen an die Konflikte heranzugehen – das macht den wahren Charakter und unser Rückgrat aus. Haben wir Vertrauen zu uns, so fühlen wir uns nicht so schnell angegriffen, weil wir auch Vertrauen zum anderen empfinden können – Vertrauen in seine Entscheidungsfähigkeit, in seine Befindlichkeit und in seinen Weg, selbst wenn dieser nicht dem unseren gleicht.

Der Mut gibt uns die Kraft und die Kompetenz, Dinge klar äußern zu können und bewusst in innerer Ruhe in ein Gespräch zu gehen. Das richtet uns auf, erweitert unseren Horizont und ermöglicht uns eine neue Betrachtungsweise, eine neue Erfahrung und auch Lebenstüchtigkeit. Wir trauen uns mehr zu. Wir sollten ruhig unsere Ziele etwas höher ansetzen, damit wir in unserer Entwicklung stets wachsen können. Doch dabei sollten wir uns an nichts krampfhaft festbeißen, sondern jeden einzelnen Schritt vorwärts im Leben feiern. Wenn wir Demut und Dankbarkeit für jeden einzelnen Schritt empfinden, den wir bei der Entwicklung unserer liebevollen Persönlichkeit machen dürfen, zeigen wir damit auch Ehrfurcht vor dem Leben. Denn letztendlich geht es um die Fülle in unserem Herzen. Dementsprechend gestaltet sich nach dieser inneren Kompetenz dann auch unser Umfeld. Wir ziehen das an, dem wir uns mutig stellen. Und wir entwickeln Kompetenzen in beruflichen und privaten Angelegenheiten. Dementsprechend entscheidet sich auch, ob wir in einer Beziehung bereit sind, uns im Miteinander zu entwickeln.

Mut braucht keine Krieger, Mut braucht friedenstiftende Menschen, die Konflikte mit Sanftmut lösen. Mut hat auch nichts damit zu tun, hartnäckig seine Haltung zu vertreten oder zu allem Ja zu sagen, sondern sich ebenbürtig auf gemeinsamen Werten, auf einer gemeinsamen Basis zu entwickeln und sinnvolle Kompromisse zu formulieren. Dieser kreative Prozess erfordert viel mehr Mut als nur auf seiner eigenen Meinung zu bestehen oder klein beizugeben. Wir sollten sozusagen nicht einseitig, sondern aus der goldenen

Mitte heraus denken und dabei erkennen, dass jede Meinung eine gewisse Wahrheit beinhaltet. Spirituelles Bewusstsein fordert authentisches Verhalten. Wenn vorher belastendes, krankmachendes Verhalten da war, muss jetzt ein anderes, aufbauendes und heilsames Verhalten an den Tag gelegt werden. Es liegt an uns selbst, in welcher Haltung wir den Dingen begegnen. Es nützt nichts zu sagen, »Ich bin ja lieb, aber andere greifen mich ständig an«. Denn zu jedem Konflikt gehören immer zwei! Einer, der angreift, braucht einen anderen, der sich angreifen lässt. Und haben wir diese soziale Kompetenz, die Dinge nicht persönlich zu nehmen, nicht aus alten Mustern heraus zu agieren, sondern in unserer Selbstliebe zu ruhen, dann sind wir unangreifbar, weil wir verständnisvoll und weise sind. Wir verstehen jeden in seinem So-Sein und können gut einschätzen, was seine Kompetenz ist. Sind seine Werte zu verschieden, können wir ihn segnen und loslassen. Auch Trennungen können heilsam sein, und auch sie gehören zur Selbstliebe und Selbstbestimmung.

6. Schritt: Loslassen

Mut, sich den Dingen zu stellen, fördert die sechste Kompetenz in uns, die Fähigkeit, wahrlich loslassen zu können. Doch einen Mitmenschen loszulassen bedeutet nicht, jemanden fallenzulassen. Loslassen bedeutet, im Segen loszulassen und dem anderen dabei alles Gute für seinen Lebensweg zu wünschen. Loslassen bedeutet auch, sich von den ungesunden Emotionen zu verabschieden, ebenso von krankmachenden Verhaltensweisen und Gedanken. Loslassen hat auch sehr viel mit Seinlassen zu tun. Seinlassen bedeutet, nicht bewerten, schon gar nicht verurteilen, sowie nicht immer recht haben wollen. Denn erst wenn wir wirklich begreifen, dass jeder einzelne Mensch individuell in seinem Sein ist und somit auch eine individuelle Meinung hat, fassen wir eine geäußerte konträre Meinung nicht als einen persönlichen Angriff auf, sondern als Bereicherung für unsere Horizonterweiterung und unser kreatives Denken, auch wenn wir im gegebenen Fall seine Meinung nicht übernehmen können. Das ermöglicht uns wiederum neue Lebenserfahrungen und auch innere Flexibilität und Weite.

Loslassen kann auch Freude bedeuten, indem wir Loslassen nicht mehr ausschließlich mit Verlust verbinden, sondern mit dem Freiwerden. Im inneren Frieden die Dinge einmal sein lassen zu können, bedeutet, nicht mehr belehren und sich auch nicht rechtfertigen zu müssen. Diese innere Haltung macht uns freier von emotionalen Anhaftungen. So sind wir in der Lage, Neues zuzulassen und liebevoll unserer Seele zu folgen. Liebevolle Gedanken führen uns zu einer großen Lebenskraft. Liebevolle Empfindungen führen uns dabei zu unseren ungeahnten Talenten. Liebevolle Handlungen verändern unser Leben, indem wir z. B. mit unseren Mitmenschen nicht nebeneinander leben und sie als selbstverständlich betrachten, sondern miteinander leben und ihnen unsere Liebe regelmäßig zeigen, wie durch eine Umarmung, ein Lächeln und bewusste Wertschätzung der gemeinsamen Zeit. Es geht immer um unsere Ausdruckskraft, denn in uns ist diese unendliche Liebe und Seelenstärke vorhanden. Je mehr wir in der Lage sind, mit jedem Ausatmen emotionale Anstauung loszulassen, uns Muße zu gönnen, nach innen zu lauschen und unsere liebevolle Seele zu spüren, umso freier werden wir in diesem sechsten Bewusstseinsprozess des Loslassens.

7. Schritt: Liebe

So werden wir größer, freier und kraftvoller in unserer liebevollen Persönlichkeit und erfahren unseren Lebenssinn der Liebe in unseren Beziehungen sowie in kleineren wie auch in größeren Lebensaufgaben. Dies entspricht dem siebten Bewusstseinsschritt, dass wir nämlich unseren Lebenssinn der Liebe bewusst und erfüllt leben – und dies ist pure Seelennahrung. Wir können spüren, wie schön und friedvoll sich die Liebe zu uns selbst anfühlt sowie die Liebe zu unserem Nächsten, die Liebe zur Familie und zu unserem Tun sowie die göttliche All-Liebe. Dann ergibt im Leben alles einen lichtvollen Sinn. In einer liebevollen inneren Haltung können wir dies bereits jetzt erleben, indem wir uns ganz auf die heilsame Gegenwart besinnen und im Jetzt mit jedem tiefen Atemzug tiefe Geborgenheit, friedvolle Kraft voller Güte und Dankbarkeit in unserem Herzen zulassen.

Mir persönlich helfen diese sieben Bewusstseinsschritte schon seit vielen Jahren und ermöglichen es, mein Herz mir selbst und meinen Mitmenschen gegenüber zu öffnen. Dadurch konnte ich mein wahres Wesen, den Hintergrund meiner Inkarnation und meine Aufgaben gegenüber den Menschen begreifen. Ich konnte das Leben verstehen, meinen Seelenplan und meine Berufung erkennen und mich dieser stellen, weil es vorgenommen war und es für meine Seele stimmig ist.

Diese sieben Bewusstseinsschritte sind mir auch wiederbegegnet, als ich die Seelen Verstorbener im Jenseits beobachtet habe. Ich habe gesehen, dass göttliches Bewusstsein ein grenzenloses Lichtbewusstsein der All-Liebe ist. Das Licht Gottes ist überall, und jede Seele, die ihren Prozess im Jenseits durchläuft, durchläuft ihre Selbstreflexion in der oberen Astralwelt. In ihrem emotionalen Bewusstsein durchläuft die göttliche Seele im Jenseits ihre Lebensaufgaben in ihren Emotionen: der Erkenntnis, des Verständnisses, der Vergebung, des Vertrauens, des Mutes und des Loslassens hin zur Liebe. Gott urteilt nicht, wir haben uns im Diesseits wie auch im Jenseits nur vor uns selbst zu rechtfertigen, um dann im Lebenssinn der Liebe zu erstrahlen und uns bewusst zu werden, wie nah wir dieser Qualität der Liebe durch unsere letzte Reise auf Erden gekommen sind. Wie schwinge ich, wie entfernt fühle ich mich von Gottes All-Liebe und welche Qualitäten, welche Intensität der Reife meines gütigen Herzens ist nötig, damit ich an diese innere Fülle noch mehr herankomme?

Ich betone nochmals: Ein achtsames, bewusstes und spirituelles Leben entspricht keinem problemlosen Leben, sondern einem lösungsorientierten Umgang mit Problemen. Aus dieser Bewusstheit heraus werden wir unabhängiger. Je unbewusster ein Mensch ist, umso mehr ist er äußeren Faktoren ausgeliefert. Sein emotionales Empfinden ist abhängig vom Verhalten anderer. Ist der Chef gerade gut gelaunt, so ist der Tag gerettet; ist der Chef in der nächsten Stunde schlecht gelaunt, so geht die Stimmung nach unten. Ein bewusster Mensch ist ein erwachter und somit erwachsener Mensch. Ein wirklich erwachsener und gereifter Mensch kann mit seinen Gefühlen umgehen und hat Verständnis für Gefühle anderer, ohne diese auf sich zu beziehen. Ein bewusster Mensch ist natürlich auch nicht ganz frei von Höhen und Tiefen des Lebens, doch diese Höhen und Tiefen sind nicht extrem, sondern sie sind viel ausbalancierter, weil der Mensch eine harmonische und stabile Persönlichkeit ist. All dies erfordert Selbstliebe und Frieden im Inneren. Es erfordert die Fähigkeit, die eigene Seele zu hören. Wir folgen dann der Stimme unseres Herzens und sind voller Vertrauen in uns selbst und in die himmlische Führung. Wir sind durch und durch davon überzeugt, dass wir unter allen Umständen einen lichtvollen Weg finden, und halten uns unsere lichtvollen Ziele stets vor Augen. Dabei wissen wir, dass alles so kommen wird, wie es sinnvoll für unsere Entwicklung sowie für die Entwicklung aller Beteiligten ist. Wir sind durch und durch vom Guten im Leben überzeugt und erfahren diese Güte, dieses Gute jeden Tag aufs Neue. Dies ist die Kraft, die wir auch als »ICH BIN«-Kraft bezeichnen können, welche aus dem tiefen Selbstbewusstsein heraus kommt und unsere Seelenstärke widerspiegelt. In dieser »ICH BIN«-Kraft stehen wir offen dem Leben gegenüber, sind ganz in unserer leuchtenden Natur und fühlen uns mit dem Himmel und der Erde intensiv verbunden.

In der folgenden Meditation öffnen wir unser Herz für die Liebe und die heilende Kraft der Vergebung.

Meditation »Vergebung«

> Setze dich bequem hin und schließe die Augen.
> Spüre in deinen Körper hinein und lass dabei alle Anspannung los.
> Richte dich auf und spüre die Weite des Himmels über dir.
> Schließe die Augen, spüre in dein liebevolles Herz hinein und lass die Liebe in deinen Gedanken, in deinen Gefühlen und in deinem Körper als ein wärmendes Empfinden fließen.
> Ganz gleich, welche Gefühle und Gedanken gerade in dir sein mögen, stelle deine liebevolle Lebensphilosophie über alles und denke verstärkt an Liebe, spüre Liebe in deinem Brustraum und lass deinen Atem harmonischer und tiefer fließen.
> Fühle, dass du geborgen und geliebt bist, und nimm wahr, wie dein emotionales Herz sich in dir immer mehr öffnet, so als ob ein Fenster des Lichts im Innen aufgeht und dich mit Liebe erfüllt.
> Stärke dich, indem du deine Hände in Gebetsform vor der Brust faltest und innerlich ein Vergebungsgebet sprichst, ohne dabei an jemanden oder etwas zu denken. Denn deine göttliche Seele weiß, wohin die heilsame Energie der Vergebung fließen soll:

»Ich vergebe dir für das, was du getan hast, bewusst und unbewusst.
Ich bitte dich, mir zu vergeben für das, was ich getan habe, bewusst und unbewusst.
Ich bitte alle Menschen, dir zu vergeben für das, was du getan hast, bewusst und unbewusst.

*Ich bitte dich, allen Menschen zu vergeben für das, was sie
getan haben, bewusst und unbewusst.
Ich vergebe allen Menschen für das, was sie getan haben,
bewusst und unbewusst.
Ich bitte alle Menschen, mir zu vergeben für das, was ich getan
habe, bewusst und unbewusst.
Ich bitte die göttliche Kraft darum, die Kraft der Vergebung
in unseren Herzen zu spüren.
Ich vergebe mir selbst für das, was ich getan habe, bewusst
und unbewusst.«*

> Lass die heilende Kraft des Vergebungsgebetes in deinem
  Herzen wirken und atme harmonisch und tief weiter.
> Möge im nächsten Atemzug eine neue Kraft in dir erwachen,
  eine Kraft, die dir Vertrauen und Mut schenkt, das Leben kraftvoll zu beschreiten.
> Lass mit jedem Ausatmen alles Alte los, lass alles gehen und
  erfahre Frieden und Freiheit in deinem Herzen.
> Zaubere ein Lächeln auf deine Lippen, und stelle dir vor, du
  strahlst wie die Sonne von innen heraus, und deine Liebe brei-
  tet sich wie die Sonnenstrahlen, Wärme spendend, in deinem
  Körper aus.
> So gönne dir noch mehrere tiefe Atemzüge und sprich innerlich
  folgende Sätze voller tiefem Empfinden:

*»Die Liebe fließt in mir. Ich liebe mich. Die Liebe ist mein
Seelenplan.«*

> Schenke dir nun selbst wie auch der Welt dein strahlendes Lächeln. Wenn du dann soweit bist, um in das Tagesgeschehen zurückzukehren, so öffne deine Augen. Bewahre die Liebe und spüre die Sanftheit in dir. Erinnere dich stets daran, dass sich da, wo Liebe ist, auch immer ein Weg findet.

Schutzengel und Seelenplan

Es wird höchste Zeit, dass wir uns wieder auf eine ruhigere Gangart einstimmen. Es wird höchste Zeit, dass wir uns darauf besinnen, wer wir sind, was wir sind und was wir sein wollen, dass wir uns auf unseren Seelenplan und unseren göttlichen Ursprung besinnen. Auch darauf, dass wir ein Teil der Natur sind und diese uns hilft, wenn wir dazu bereit sind, wenn wir Ruhe, Frieden und Stille in uns zulassen. Dann kann uns der Himmel verstärkt berühren und die Engel können uns leiten.

Dein Schutzengel liebt dich und behütet deine göttliche Seele. Seine liebevolle Schwingung umhüllt stets deine Aura, berührt dich mit seiner Liebe und gibt dir Kraft, dein Leben zu gestalten. Dein Schutzengel kennt dich durch und durch und begleitet dich von einer Inkarnation zur anderen, sodass ihr gemeinsam in der Astralwelt des Lichtes einen Seelenplan der Liebe aufbauen könnt, damit du in deinen liebevollen Charaktereigenschaften reifen mögest.

In seiner Engelsgeduld begleitet er uns und hat stets Vertrauen in uns und in unseren göttlichen Seelenplan. Ich persönlich kann mir ein Leben ohne himmlische Unterstützung, ohne bewusste geistige Verbundenheit, ohne Miteinbeziehung von feingeistigen Kräften gar nicht vorstellen. Denn dies erfüllt mein Herz mit dem tiefen Gefühl von Getragen- und Verbundensein, mit welchem ich das Leben meistere.

Die Engel sagen stets: »Nichts begegnet dir, dem du nicht gewachsen bist.« Und aus dieser Sinnhaftigkeit heraus stelle ich mich den Herausforderungen und den Aufgaben meines Lebens. Und diese Kraft und Zuversicht wünsche ich auch dir.

Jeder Mensch hat einen Schutzengel. Meine ganze spirituelle Praxis basiert auf den Zwiegesprächen mit meinem Schutzengel. Darüber konnte ich eine intensive Lebensphilosophie der Liebe aufbauen, geistige Zusammenhänge begreifen, die hier im Irdischen wirken, denn wir sind ja geistige Wesen, die eine irdische Erfahrung machen. Ich habe Gottes Licht stets als all-universelles Bewusstsein der Liebe erfahren. Dieses universelle Licht der Liebe, also Gott, hat seine Boten, die Engel. Es gibt so viele Engel, wie es Aufgaben an der Welt und den Menschen gibt und somit auch so viele unterschiedliche Engelarten.

Es erleichtert das Leben ungemein, wenn wir uns bereits am Morgen mit unserem Schutzengel verbinden. In unserer Kultur gibt es dafür verschiedene Gebete. Auch mit meiner Tochter habe ich viel gebetet und konnte Jahr für Jahr erleben, wie viel Urvertrauen sie dadurch besitzt, natürlich unterstützt von der Geborgenheit ihrer liebevollen Mitmenschen. Selbst in schwierigen politischen Zeiten meiner Kindheit im Kommunismus der

UdSSR, während alles Religiöse bzw. Spirituelle verboten war, hat meine Urgroßmutter mir gesagt: »Wenn du aus dem Haus gehst, dann sprich vorher in deinem Herzen: ›Mein lieber Schutzengel, gehe du vor mir und ich hinter dir.‹« Auch wenn mir damals nicht erklärt wurde, was dies bedeutet, habe ich eine tiefe Geborgenheit und himmlischen Schutz dabei gespürt. Dies hat mir stets eine innere Sicherheit und Stärke gegeben. Mit diesem Segen bin ich durch das Leben gegangen und habe bisher alles überstanden. Die Engel berühren unser Herz mit ihrer liebevollen Schwingung.

Bei mir war es so, dass ich die Engel in meiner Kindheit nur sporadisch sehen und in den herausfordernden Lebensmomenten ihre Hilfe wahrnehmen konnte. Ich kenne jedoch viele Geschichten meiner Urgroßmutter, wie sie in Kriegszeiten mithilfe von himmlischen Zeichen sich selbst und ihre Kinder retten konnte, weil sie der Botschaft der Engel und ihrem Herzen gefolgt war. Stärkere, regelmäßigere und bewusstere Engelwahrnehmungen kamen bei mir erst ab dem Alter von 23 Jahren. Nun konnte ich die Engel und die geistigen Welten deutlich sehen. Ich betrachtete die Bewegungen der Lichtgestalt meines Schutzengels, die Bewegung seiner Lichtflügel und Arme und fühlte mich davon berührt. Durch seine Bewegungen, Gestik und Empfindungen konnte ich bald die Botschaften der Engel verstehen und in die menschliche Sprache übersetzen. Denn die Engel kommunizieren nicht über eine phonetische Sprache (sie haben keine Stimmbänder), sondern durch eine bildhafte, kreative Seelensprache, über ihre Schwingung. So enthalten auch die heiligen Schriften Bilder von der himmlischen Kraft, die wir jedoch lernen müssen, richtig zu deuten. Dies bedeutet, dass wir sie nicht rational deuten sollten, sondern dass wir zwischen den Zeilen lesen, dabei auf unser eigenes Herz hören und das Gehörte auf die eigenen Lebenserfahrungen beziehen und so unsere Entscheidungen treffen. Lesen die Menschen aus dem Herzen heraus die heiligen Schriften, dann berührt es sie, sie erleben eine himmlische Verbundenheit. So gab es hellsichtige Menschen bereits zu allen Zeiten, und die Propheten haben durch diese innere Stimmung der Klarheit, der Liebe zu hohen Visionen und kraftvollen Ideen gefunden. In erster Linie kommt es dabei auf ein gütiges Herz an.

Wenn Menschen mich gebeten haben, ihre Fragen an die Schutzengel zu übermitteln, z. B.: »Was soll ich tun? Was ist meine Lebensaufgabe?«, staunte ich zunächst, denn die Schutzengel antworteten natürlich nie, wie wir es in unserer materialistischen Welt gewohnt sind, sowie auch nicht wahrsagend. Denn sie sind Schwingungen der Liebe, und unsere Zukunft bestimmen wir selbst, aus unserem heutigen Bewusstsein heraus. Und das Mechanische, Materialistische, das Tatsächliche, wie es in Fragen wie »Was soll ich tun?«, »Welchen Beruf soll ich ergreifen?« zum Ausdruck kommt, das bestimmen wir auch selbst, doch erst im zweiten Schritt. Der erste Schritt ist immer die Emotio, also unsere Seelenstärke.

Oftmals baten mich Menschen, an ihren Schutzengel die Frage nach ihrem Lebenssinn zu richten und zu fragen, was sie sich in ihrem Seelenplan vorgenommen haben. Daraufhin zeigte der Schutzengel jedes Mal die gleiche Symbolik. Niemals waren dies irgendwelche materiellen und irdischen Belange. Seine Botschaft war immer die gleiche: »Dein Lebenssinn liegt in der liebevollen Selbsterkenntnis, so spüre Liebe, Ruhe und Geborgenheit in deiner Seele. Du wirst beschützt.«

Bald habe ich begriffen, dass sich die Botschaften der Engel ausnahmslos auf unsere Seelenstärken, also auf liebevolle Tugenden, auf ethische Werte beziehen. Denn unsere göttliche Seele ist pure Schwingung der Liebe. Nicht unseren physischen Körper und auch nicht unsere Erfolge im Außen nehmen wir mit ins Jenseits und dann in eine neue Wiedergeburt, sondern unsere Empfindungen, die wir mit dem Leben verbinden, die unseren Charakter ausmachen, denn die Gefühle spiegeln den Glanz unserer göttlichen Seele wider. So sollte im Leben auch alles aus liebevollem Herzen heraus erfolgen. Es tut uns gut, wenn wir uns immer wieder Ruhephasen einräumen, ein Gebet sprechen und die Gewissheit spüren, dass uns die geistige Welt liebevoll begleitet und dass unser Schutzengel stets vor uns ist und wir ihm folgen. Dabei brauchen wir nur unserer Seele zu lauschen und in unserem Vertrauen aufmerksam zu sein. Aufmerksam dafür, wo unser Herz, unsere Intuition, unser Seelenplan hin will.

Vor einigen Jahren hatte ich selbst ein bedrückendes Schicksal zu überwinden, und ich wusste zunächst nicht, ob ich es überleben werde. Ich schaute meinen Schutzengel an, um meine inneren Fragen, Sorgen und aufkeimenden Ängste zu klären. Der Schutzengel strahlte mich an mit der Botschaft: »Dein Weg ist lichtvoll.« Tief in mir entstand das Vertrauen, dass ich es schaffen werde. Was sein wird, können wir nie kontrollieren, aber es liegt in unserer Hand, welche innere Haltung wir einnehmen. Wählen wir das Vertrauen oder den Kampf?

In entscheidenden Momenten, wie in dieser bedrückenden Lebensphase, legte ich mein Leben in Gottes Hände, indem ich mithilfe meiner Hellsichtigkeit in das höchste Licht Gottes hineinblickte. Ich konnte tiefe Geborgenheit und Liebe empfinden, sodass jegliche Angst verschwand, und ich wusste, ich kann nie tiefer fallen als in Gott. Und letztendlich hat sich die Botschaft meines Schutzengels bewahrheitet. Mein Weg ist lichtvoll, ich bin daran gereift und in der Überwindung dieses Leidens noch mitfühlender geworden, noch reifer und wissender und noch stärker in meiner geistigen Anbindung und in meinem Gottvertrauen. Wenn ich morgen sterben müsste, würde ich nicht mehr sagen: »Warum nur muss ich schon jetzt gehen?«, sondern »Danke, dass ich so lange auf dieser schönen Erde sein durfte.«

In unserer Gesellschaft identifizieren sich viele Menschen mit ihrem Besitz und mit dem, was sie nach Außen darstellen. Man richtet sich im Diesseits ein, als ob man es nie verlassen müsste bzw. hält an Äußerlichkeiten fest, als ob man sie mit ins Jenseits nehmen könnte. Mit aller Kraft streben viele nach Anerkennung im Außen, selbst wenn es sie z. B. ihre Gesundheit kostet – nur um irgendwann ihre materiellen Güter darauf zu verwenden, ihre Gesundheit wiederzuerlangen. Und so sterben viele Menschen in einer Haltung, in einer Bewusstheit, als ob sie nie gelebt hätten. Philosophen aller Zeiten haben gesagt: »Lebe stets in vollem Bewusstsein im gegenwärtigen Augenblick, voller Hingabe. Lebe nicht in der Zukunft und nicht in der Vergangenheit, denn das eine ist noch nicht geschehen und das andere ist vorbei. Lebe so, als ob jeder Moment der letzte sein könnte.« Diese Haltung hat nichts mit Schwermut zu tun, das hat etwas mit

Wertschätzung und Präsenz zu tun sowie mit Gottvertrauen und Selbst-Bewusstsein.

Oftmals werde ich gefragt, wo denn der Schutzengel war, als dieses oder jenes Unglück geschah. Dazu sage ich: »Der Schutzengel ist immer bei uns, in unserer Aura, in unserem Herzen, nur wir selbst sind nicht immer achtsam für seine Zeichen. Der Schutzengel schützt uns, das bedeutet aber nicht, dass wir keine Verantwortung mehr für unser Leben tragen.« Auch in gefährlichen Momenten meines Lebens habe ich stets erkannt, dass mein Schutzengel immer da ist, ich brauche nur achtsam zu sein und in Liebe verweilen, um meinem Herzen und den himmlischen Zeichen zu folgen. Achtsamkeit ist nötig, um diese liebevolle Schwingung, diese liebevolle Kommunikation mit dem Schutzengel aufrechtzuerhalten und seine Führung verstehen zu können. Denn das, was wir tun, z. B. wie schnell wir mit dem Auto fahren, das bestimmen natürlich wir selbst. Der Schutzengel greift nie in den freien Willen ein und kann auch nicht für uns auf das Bremspedal drücken, denn er ist nicht aus Materie.

Ich möchte nochmals betonen, wie wichtig es ist, sich mit dem Himmel verbunden zu fühlen, sich mit seiner geistigen Heimat verbunden zu wissen. Besonders bewusst ist es mir geworden, als eine Frau nach einem meiner Seminare zum Thema »Jenseitige Welten« zu mir kam und mir erzählte, dass sie nun endlich begriffen habe, dass man seine Verstorbenen loslassen und segnen soll. Sie erzählte mir unter Tränen, dass sie vor fünf Jahren ihren Sohn verloren habe, ihn seither bei sich spüre und wisse, dass seine Seele da sei – und dass sie ihn bis jetzt nicht habe loslassen können. Doch nun sei sie bereit, ihn in Gottes

Licht zu übergeben, sich auf ihren eigenen Weg auf Erden zu fokussieren und die Trauerarbeit zu leisten, die schon so lange anstünde, und damit aus der bisherigen Schockstarre herauszukommen. Ich sah die Seele ihres kleinen Jungen in ihrer Aura und er strahlte so rein wie ein Engel. Er war absolut frei von Anhaftung und absolut frei von Bewertung und Leid. Er war all die Jahre bei ihr geblieben, damit sie ihn spüren konnte und diese Verbundenheit erlebte, damit ihr Herz nicht brach. Er haderte nicht mit seinem Tod, er haderte auch nicht mit der Trauer der Mutter, sondern er verstand, er ließ einfach geschehen und war da wie ein Engel, ohne Bewertung und voller Engelsgeduld. Sein Schutzengel leuchtete hinter ihm und gab mir Zeichen, dass auch seine Seele ihren Weg nach oben ins Licht antreten darf und die Mutter frei werden muss für ihren eigenen, gesunden Weg im Diesseits. Irgendwann würden sie sich im höchsten Licht Gottes wiederbegegnen und das verstehen, was zu Lebzeiten nicht möglich war.

So haben wir dann gemeinsam ein Gebet und eine Segnung ausgesprochen und die Seele des Kindes ins Licht geschickt. Es war ein ungewöhnliches, höchst mystisches Erlebnis, denn ich konnte beobachten, wie die Seele dieses Kindes, welche absolut rein und frei von jeglicher Bewertung war, sich plötzlich durch alle Astralwelten hindurchschwang, weiter über alle Hierarchien der Engel hindurch, und schließlich ins paradiesische Licht einging! Das Licht dieses Himmels, das Paradies, erlebe ich als eine Dimension puren Friedens und Harmonie, in welchem die Engel und die erlösten, reinen Seelen diesen Frieden aufrechterhalten. Von diesem paradiesischen Frieden können wir uns auch berühren lassen, wenn wir uns dieser Schwingung ganz öffnen.

Einen solch rasanten und harmonischen Aufstieg mit eigenen Augen zu erleben, war für mich damals sehr horizonterweiternd.

Die Mutter dieses Kindes konnte endlich loslassen und war unter Tränen sehr dankbar dafür, selbst spüren zu können, dass es der Seele ihres Sohnes gut ging. So konnte sie mit ihrer heilsamen Trauerarbeit beginnen, um ihr Leben im Diesseits wieder licht- und hoffnungsvoll zu gestalten.

Wir sollten uns täglich Zeit einräumen für unsere Intuition, für unsere Besinnung, für unsere Empfindung, für uns selbst. Einer der ersten Schritte, die ich in meinen Seminaren mit den Teilnehmern übe, ist die Selbstwahrnehmung. Denn erst wenn wir uns selbst wahrnehmen, können wir unsere Engel wahrnehmen. Wir sollten uns jeden Tag einige Minuten Zeit einräumen und unseren Geist, unsere Seele und unseren Körper spüren und dabei wahrnehmen: »Wie denke ich bzw. was denkt mich?« Sind meine Gedanken von Optimismus erfüllt? Wenn nicht, sollten wir dies umwandeln, indem wir es verstehen und transformieren. Dann sollten wir wahrnehmen: »Sind meine Gefühle von Liebe erfüllt?« Trotz aller anderen Sorgen sollten wir die Liebe über alles stellen und uns konsequent für die liebevolle Lebensphilosophie entscheiden. Dann nehmen wir unseren Atemrhythmus bewusst wahr. Denn unser Atemrhythmus beeinflusst unseren Lebensrhythmus. So verbinden wir unseren Körper, unsere Seele und unseren Geist zu einer Einheit und stärken uns von innen heraus. Sobald wir in die Selbstwahrnehmung gehen und uns etwas Zeit zum Durchatmen nehmen, gehen wir in die

Selbstliebe und in die Selbstwürde und übernehmen somit die Eigenverantwortung. Auf diese Weise kommen wir in unsere schöpferische Kraft.

Sobald wir uns selbst gut wahrnehmen, verbinden wir uns durch ein Gebet mit der himmlischen Kraft und mit unseren Engeln. Denn in diesem erhöhten Bewusstsein wirkt unsere natürliche Intuition verstärkt, und wir spüren unseren Seelenplan, das, was für unser Herz stimmig ist. Dabei können wir innerlich ein Gebet sprechen:

>»Mein lieber Schutzengel, sei bei mir, gehe vor mir her und ich folge dir.«

Ein solches Gebet ermöglicht ein Gefühl der Geborgenheit und Verbundenheit.

Nach der Selbstwahrnehmung und der Gebetspraxis kann der dritte Schritt erfolgen, und wir können mit unseren Engeln in Verbindung treten, von ihnen Orientierung erfahren, uns inspirieren lassen. Wir können bei unseren Entscheidungen um Unterstützung und um himmlische Zeichen bitten und voller Achtsamkeit die himmlischen Botschaften empfangen. Wichtig für das Empfangen himmlischer Botschaften ist eine liebevolle Sensibilität und Stille im Inneren, aber auch eine Portion Bodenständigkeit, um nicht in ferne und unbekannte Dimensionen abzuheben. Engelsbotschaften können verschieden empfangen werden:

> Durch Hellwissen: Die meisten Menschen empfangen die himmlischen Botschaften durch ihr inneres Wissen. Sie bekommen dabei in ruhigen Momenten, z. B. bei einem Spa-

ziergang, plötzlich einen klaren Gedanken, eine klare Idee, die für sie absolut stimmig ist. Dabei fühlen sie deutlich, dass sie auf dem richtigen Weg sind, mit ihrem Seelenplan verbunden und mit sich im Reinen.

> Durch Hellfühlen: Andere Menschen erfahren himmlische Botschaften durch liebevolle, stimmige Empfindungen. Dabei fühlen sie sich in ihrer Meditation oder beim Spaziergang von ihrem Schutzengel berührt oder umarmt und empfinden die Gewissheit, auf dem richtigen Weg zu sein.

> Durch Hellsehen: Das Hellsehen ist eine geistige Fähigkeit, feinstoffliche Welten ähnlich wie die grobstoffliche Materie zu sehen. Wie weit ein Mensch in die geistigen Sphären sehen kann, ist individuell unterschiedlich. Einem stark hellsichtigen Menschen begegnet ein Schutzengel in Form einer Lichtgestalt. Dies kann in einem Traum, in einer spontanen Vision, einer Meditation wie auch in einer bewussten Begegnung durch einen ruhigen inneren Blickkontakt mit dem Schutzengel geschehen.

Diese Hellsichtigkeit ist bei mir persönlich stark ausgebildet und ist auch für meine vorgenommene Aufgabe an der Menschheit in meinem Seelenplan festgelegt. Dabei sehe ich den Schutzengel klar mit meinen geistigen Augen, mit meinen feinstofflichen Sinnesorganen und beobachte seine Gestalt, die Farben seines Lichtgewands, seine Bewegungen, seine Gestik und Symbole. Dann bringe ich in das, was ich sehe, ein tiefes Gefühl der Liebe hinein, und die himmlische Botschaft wird mir offenbart, welche ich dann in verständlichen und nachvollziehbaren Worten formuliere.

Unabhängig davon, wie jeder an die himmlische Botschaft kommt, ist es wichtig, dass alles, was wir wahrnehmen, für uns auch nachvollziehbar, umsetzbar und liebevoll ist. So können wir bewusst Kontakt mit der geistigen Welt aufnehmen, indem wir in die Selbstwahrnehmung und in das Gebet hineingehen und unsere Herzensfrage nach oben schicken. In Achtsamkeit können wir dann die himmlische Botschaft in unseren inneren Bildern, liebevollen Gefühlen und klaren Gedanken empfangen. Abschließend überprüfen wir unsere Wahrnehmungen nach ihrer Nachvollziehbarkeit, Liebeswürdigkeit und Umsetzbarkeit.

Ich möchte an dieser Stelle die Überprüfungsfragen wiederholen, weil sie wichtig sind in unserem Leben:

> Ist der Impuls für unseren gesunden Menschenverstand nachvollziehbar?

> Ist er in unserem Alltag umsetzbar?

> Fühlt er sich für unser Herz stimmig und liebevoll an?

Wenn wir diese Fragen mit Ja beantworten können, wird es uns nicht passieren, dass wir an eine unreine Quelle gelangen oder voller Erwartungen unser eigenes Unterbewusstsein channeln bzw. eigenen Wunschvorstellungen verfallen. Nicht viele können den Schutzengel so klar und deutlich sehen, wie es bei mir der Fall ist. Deshalb ist es wichtig, auf die Quelle der Botschaft zu achten.

Diese mentale Klarheit hilft uns, Orientierung im Leben zu finden, gibt uns Kraft, uns auf das Wesentliche zu fokussieren und unserem Herzen konsequent zu folgen. Diese Qualität und Freiheit spiegelt bodenständige und zeitgemäße Spiritualität wider, die voller Liebe und friedenstiftend, umsetzbar und nachvollziehbar ist. Denn letztendlich geht es nicht darum, besonders großartige Fähigkeiten zu haben, sondern darum, ein gütiger und ausgeglichener Mensch zu sein. Es geht um Menschlichkeit und Mitgefühl, um ein gutes Herz. Diese Werte sollten wir nicht nur in spirituellen, sozialen, pädagogischen, religiösen, philosophischen Bereichen vergegenwärtigen, sondern auch im globalen wirtschaftlichen und politischen Bereich. Dann entwickeln wir uns alle in Richtung des göttlichen Plans, nämlich zur All-Liebe hin, und leben mit jeder Handlung unseren Seelenplan.

Mit unserem Schutzengel sind wir als göttliche Seele jeden einzelnen Moment unseres Lebens auf Erden wie auch im Jenseits verbunden. Da, wo wir gerade sind, ist auch unser Schutzengel. Wenn wir in eine innere offene Haltung gehen und ein liebevolles Lächeln in unserem Herzen spüren, so gelangen wir zu Weisheit und Achtsamkeit und können eigene lichtvolle Wahrnehmungen erfahren. Dann können wir die himmlischen Botschaften erkennen, verinnerlichen und in unsere Handlungen und unsere Entscheidungen miteinbeziehen. Das nennt man auch »aus dem Herzen zu leben«, ich nenne es gern »Seelenhören«. In dieser positiven Kraft können wir uns auch neuen Erfahrungen stellen. Neue, positive Erfahrungen stärken wiederum unser Selbstvertrauen und die Liebe in uns.

Ich persönlich kommuniziere in meiner Morgenmeditation mit meinem Schutzengel und verinnerliche seine Weisheit und die liebevolle Tugend, die an diesem Tag besonders hilfreich für mich ist. Dementsprechend gestalte ich meinen Tag. In dieser positiven, liebevollen und bewussten Haltung kann ich gelassen über jeder Unsicherheit stehen, meine Komfortzone verlassen und mich erfolgreich auf das Leben einlassen. Auf diese Weise vermittle ich auch die Schutzengelbotschaften an andere Menschen.

Ich achte immer darauf, mich nicht in eine negative Resonanz zu begeben und darüber meine Energie zu verschwenden. Beispielsweise rede ich nicht hinter dem Rücken anderer Menschen, sondern ich spreche stets mit den Menschen. Ich lasse mich auch nicht in Machtkämpfe und Rechthaberei hineinziehen, sondern erkenne und durchschaue sie und gehe meinen eigenen Weg. Indem ich meine Energie auf positive und lösungsorientierte Dinge fokussiere, können harmonische und wertschätzende Beziehungen entstehen, die mich und meine Mitmenschen im Leben voranbringen. Wenn wir achtsam sind, können wir gut erkennen, was energieraubend in unseren Gedanken, Gefühlen und Verhalten ist und was energiegebend ist. Das macht einen bewussten, gesunden und erfolgreichen Menschen aus.

Den Seelenplan zu leben, bedeutet die Fähigkeit, jeden einzelnen Tag zu genießen und sich auf das Wesentliche zu konzentrieren. Das Wesentliche ist das, was im Jetzt ist, das heißt unsere gegenwärtigen Empfindungen und unser gegenwärtiges Umfeld. Unser Schutzengel ist immer da, wo wir sind, und berührt uns stets mit himmlischen Botschaften. Wir können sie aber nur durch unsere Achtsamkeit erfahren, dadurch, dass wir auf unsere Seele hören.

Die Seele und die sieben oberen Astralebenen

Erinnere dich daran, wer du in deinem inneren Kern bist. Sei dir deines Leuchtens als göttliche Seele bewusst, spüre tiefes Vertrauen zu dir und das Vertrauen in den Fluss des Lebens. Dies ist die Heimkehr zu unserem wahren, authentischen Selbst. Wenn wir den Ruf unserer Seele ignorieren, fühlen wir uns nicht unterstützt, nicht verstanden, nicht wertgeschätzt. So achte deine liebevolle Seele.

Der Schutzengel begleitet uns auch im Sterbeprozess, wenn unsere Reise auf der Erde zu Ende geht, wenn unsere Seele aus dem Körper heraustritt. Hier durchlaufen wir dann wieder die sieben Bewusstseinsschritte, die bereits auf Erden so wichtig sind. Unser Schutzengel begleitet uns während der Selbstreflexion im Jenseits, sodass wir auch dort in der ersten oberen Astralebene zur liebevollen Erkenntnis kommen können.

Diese positive innere Haltung macht unsere Seele leichter, wir schwingen dann von dieser ersten oberen Astralebene höher in die zweite obere Astralebene, die dem Verständnis zugeordnet ist. Hier vollzieht dann unsere Seele mithilfe ihres Schutzengels die intensivste Lebensrückschau vom letzten bis zum ersten Atemzug ihrer letzten Inkarnation. Dies geschieht viel unpersönlicher als zu Lebzeiten, mehr von außen als Beobachter, so wie wir dies auch öfters im Diesseits tun sollten. Unsere Seele versteht die Zusammenhänge immer mehr, weil durch das

Beobachten die Fähigkeit reift, sich in die Lage der anderen Beteiligten hineinzuversetzen. Es ist absolut sinnstiftend, wenn wir dieses Mitgefühl bereits im Diesseits üben, damit uns das Leben im harmonischen Miteinander gelingt, denn gemeinsam sind wir stark.

Je mehr die Seele in der Lebensrückschau zu Verständnis gelangt, umso leichter fühlt sie sich, umso mehr schwingt sie in die dritte obere Astralebene, nämlich in den Himmel der Vergebung hinein. Oft kann ich dabei beobachten, wie die Seelen in dieser Bewusstseinsebene im Jenseits Ereignisse in ihrem Leben betrachten und sehen, wo sie mit ihrer Bewertung haften geblieben sind, wem sie nicht vergeben konnten, mit wem sie also noch verbunden geblieben sind. Die Seelen sind dann oftmals selbst erstaunt darüber, dass sie viele Situationen in ihrem Leben überbewertet haben, dass Geschehnisse nicht so negativ waren, wie es sich damals darstellte, und dass die Liebe letztendlich das Wichtigste ist. Ich habe durch das Beobachten der Seelen mit ihrem Schutzengel im Jenseits schnell erkennen können, dass wir früher oder später doch vergeben müssen, um frei zu sein für das göttliche reine Licht der Resonanzlosigkeit. So habe ich für mich entschieden, bereits zu Lebzeiten zu vergeben, um bereits jetzt frei zu sein und eine höhere Lebensqualität haben zu können, und das empfehle ich dir von ganzem Herzen auch. Deine Lebensqualität wird sich dadurch spürbar verbessern. Denn das Wichtigste ist immer die Liebe in dir selbst und nicht das, was war.

Vergebung macht uns in unserer Schwingung leichter, die Seele im Jenseits wird durch das Vergeben ebenfalls lichtvoller und gelangt dann in den vierten oberen Astralhimmel hinein, in den Himmel des Vertrauens. In dieser Lichtdimension geht es darum, dass wir uns als Seelen immer weniger mit unserer alten Rolle unserer letzten Inkarnation identifizieren und uns mit Vertrauen auf das Neue, auf das höhere Bewusstsein, auf das göttliche Licht einlassen. Und um genau dieses Vertrauen geht es jeden einzelnen Tag zu Lebzeiten auch! Vertrauen zu können macht hingebungsvoll und leicht.

Und so schwingt sich unsere Seele mit ihrem Schutzengel in dieser neuen Leichtigkeit in den fünften oberen Astralhimmel hinein, in den Himmel des Mutes. Es geht dabei um den Mut, die eingefahrene Komfortzone zu verlassen und sich vollkommen auf das Neue, auf die neue grenzenlose Lichtdimension einzulassen. Es ist ein Gefühl, das wir auch hier empfinden können, wenn wir damit beginnen, in innerer Ruhe, Vertrauen und Liebe zu bleiben, anstatt aggressiv auf etwas oder jemanden zu reagieren, oder wenn wir uns trauen, zum ersten Mal etwas absolut Neues auszuprobieren.

So gibt uns ein gesunder Mut stets eine große Antriebskraft im Diesseits wie auch im Jenseits, sodass sich unsere Seele dann in die sechste obere Astralebene begibt, in den Himmel des Loslassens. In dieser Lichtsphäre sieht die Seele in ihrer Feinstofflichkeit ganz durchscheinend aus, doch von der Gestalt her noch so, wie sie auf der Erde ausgesehen hat. Dabei entspricht die Gestalt nicht unbedingt dem Alter, in dem der Mensch gestorben ist, sondern dem Alter, in welchem er sich in dieser Inkarnation am stärksten und wohlsten gefühlt hat. In den meisten Fällen ist das in etwa die Lebensmitte. So ist es tatsächlich so, dass die Seele kein wirkliches Alter kennt und somit die Aussage zutrifft:

»Man ist so alt, wie man sich fühlt!«. Der Körper altert zwar, man hat aber für die Zahl kein wirkliches Gefühl. In dieser sechsten oberen Astralebene des Loslassens kann ich sehen, wie die Seele von vielen Engeln, die das Loslassen unterstützen, umgeben ist. Sie streichen dabei den Ballast der Seele von oben nach unten aus, als ob sie einen alten Mantel abstreifen. Und sobald sich die Seele nicht mehr mit ihrer vorherigen Inkarnation identifiziert, sondern mit dem puren Licht Gottes, leuchtet sie nun eher wie ein Kerzenschein. Dabei bleibt sie in ihrer Individualität erhalten, ihre vorher noch vorhandene menschliche Form hat sich jedoch verändert.

Der Kern unserer Individualität bleibt in der geistigen Welt bestehen, denn unser individuelles Bewusstsein wird niemals ausgelöscht sein. So bleibt alles, was wir in unserer individuellen emotionalen Stärke entwickeln, weiterhin von Bedeutung. Unsere seelische Kraft nehmen wir mit ins Jenseits. So stehen uns unsere emotionalen Stärken auch in einer neuen Inkarnation wieder zur Verfügung. Je mehr wir vom Herzen leben, desto mehr emotionale Kraft bringen wir in unser neues Leben mit. Denn dieses Loslassen in den jenseitigen Welten bedeutet nicht, sich selbst aufzugeben, sondern Bewertungen loszulassen und sich auf das göttliche Licht der All-Liebe einzulassen.

Indem die Seele die ersten sechs oberen Bewusstseinsebenen, welche gleichzeitig unsere Lebensaufgaben darstellen, reflektiert, erhebt sie sich in ihrer wiedergewonnenen Leichtigkeit in die siebte obere Astralebene, in den Himmel der Liebe (wenn wir verliebt sind, sagen wir, dass wir uns fühlen »wie im siebten Himmel«). Als Seelen erkennen wir in diesem erhöhten Bewusstsein, wie nahe wir der Liebe gekommen sind. Wir sehen über uns das all-universelle Licht Gottes der All-Liebe und können spüren, was uns noch an Resonanz davon trennt. Dabei ist uns bewusst, welche Bewertungen und somit Anhaftungen oder auch welche Wünsche uns noch davon abhalten, uns vollkommen in das göttliche Bewusstsein fallenzulassen, stattdessen spüren wir dann eine tiefe Sehnsucht nach einer Wiedergeburt, um in Gottes Schöpfung weitere Erfahrungen und zwischenmenschliche Begegnungen zu machen.

In dieser neugewonnenen Schwingung aus der letzten Inkarnation steht die Seele irgendwann wieder neben ihrem Schutzengel und bespricht aus diesen Emotionen heraus ihren neuen Seelenplan. Dabei richtet sie ihren Fokus, wie schon beschrieben, darauf, welche Kultur und welche Zeit am sinnvollsten ist für ihre weitere emotionale Entfaltung auf dem weiten Weg zur All-Liebe.

So passiert es oftmals in einer neuen Inkarnation, dass wir zunächst einmal erkennen müssen, was wir nicht sind und womit wir uns nicht mehr identifizieren wollen, um dann zu begreifen, worum es uns vom ganzen Herzen wirklich geht. So können wir uns auch so manche Erfahrungen erklären, die für uns nicht wirklich glückselig waren. So kann es für manchen durchaus irritierend sein, wenn er sich fragt, warum er ausgerechnet bei diesen Eltern inkarniert ist, die ihm eine so schwierige Kindheit bescherten.

Sobald wir die geistigen und seelischen Zusammenhänge verstehen, beginnen wir, weniger in Rollen zu denken. Dann werden wir erst wirklich erwachsen und sind in der Lage, die eigenen Eltern nicht mehr überwiegend als Eltern zu betrachten, sondern als die Menschen, bei denen wir inkarnierten. Aus dieser neutraleren Haltung heraus fallen überhöhte Erwartungen ab und unsere Beziehungen gewinnen an Entspanntheit und Leichtigkeit.

Denn in diesem erwachten Bewusstsein betrachten wir uns selbst auch nicht mehr als Kinder und hegen gewisse Erwartungen, sondern einfach als Menschen. Wenn wir uns nicht mehr in den Rollen verstricken, sondern uns und andere als Individuen betrachten, kann viel Schwere abfallen. Denn dann erwarten wir weder von anderen, wie sie zu sein haben, noch versuchen wir selbst, den Erwartungen anderer zu entsprechen. Dann sind wir einfach wir selbst, gestehen jedem sein eigenes Sein zu und sind frei, weil wir einfach den Menschen und das Menschsein verstehen.

Dann entstehen viele Konflikte erst gar nicht, weil wir uns keine Liebe und Anerkennung mehr von anderen erhoffen und auch nicht mehr benötigen, sondern wir verstehen, dass die Liebe und Anerkennung, die wir brauchen, in uns ist und nur wir selbst in unserer liebevollen Natur sie uns geben können. Wir verstehen, dass niemand uns dies schuldet und dass auch wir dies niemandem schulden. Und die Liebe und Anerkennung, die uns im Außen begegnet, wissen wir zu genießen, ohne Forderungen daran zu knüpfen. Das nennt man erwachtes Bewusstsein. In diesem Bewusstsein sind wir in der Lage, uns und unseren Mitmenschen ebenbürtig und gleichberechtigt in die Augen zu schauen und eine heilsame Beziehung zu entwickeln.

Unsere Eltern sind auch nur Kinder ihrer Zeit, so wie wir Kinder unserer Zeit sind. Somit können wir nur so handeln, wie wir in unserer inneren Reife und in unserem Selbst- und Weltbild dazu in der Lage sind. Das, was wir tun, ist zeit-, kultur- und vor allem erziehungsgeprägt. Heute geht es darum, in die Weisheit, in diese Bewusstwerdung hineinzukommen. Diese Entwicklung führt uns über den Weg des Verständnisses und Mitgefühls. Umso mehr spüren wir und wählen bewusster, was unserer Seele guttut und können darauf hören. Wir wissen dann deutlicher, was wir in unser Leben hineinlassen wollen und was nicht; was wir segnen und annehmen und was wir segnen und loslassen.

Mit der Zeugung schwingen wir uns als Seelen mit unserem Schutzengel ins Diesseits hinein und beginnen zu inkarnieren. Der Schutzengel behütet uns immer, denn wir sind geistige Wesen, die hier irdische Erfahrungen machen. Unsere Seelenschwingung und damit die Liebe in uns ist aus dem göttlichen Licht entstanden, aus dem all-universellen Bewusstsein der Liebe.

So gibt es nun in uns nicht nur eine vorhandene Resonanz und eine gewisse Vorsicht und Ängstlichkeit, durch welche wir uns in dieser Welt bewegen, sondern auch den unverletzbaren Teil in unserer göttlichen Seele: die Liebe. So können und sollen wir uns in der Liebe wahrnehmen, heilen und reifen.

Es gibt so viele Wege zu Gott, wie es Menschen auf der Welt gibt. Also hat auch jeder von uns einen einzigartigen, individuellen, lichtvollen und kraftvollen Weg. So sollten wir uns die Zeit dafür nehmen, unseren Schutzengel an unserer Seite zu spüren. Dabei die Liebe in unserem Herzen zu genießen, optimistisch nach vorne zu schauen, unsere lichtvollen Ziele stets vor Augen zu halten und Freude an einem spontanen, kreativen und flexiblen Weg zu haben, der uns durch unsere liebevollen Tugenden in Gottes Schöpfung führt. So wird es uns gelingen, diese Inkarnation optimal für unsere Seelenentwicklung zu nutzen und einen liebe- und lichtvollen »Fußabdruck« in dieser Welt zu hinterlassen. Denn Gottes Plan ist die All-Liebe, unser Seelenplan ist der Weg dorthin und das Schicksal stets unser Wegweiser. So sollten wir uneingeschränkt und bedingungslos an uns selbst, an unsere Mitmenschen sowie an die Schöpfung glauben.

Wir können diese heilsame Liebe und unser Selbstvertrauen in der folgenden Meditation vertiefen.

Meditation »Liebe und Vertrauen«

> Setze dich bequem und aufgerichtet hin.
> Entspanne langsam deinen Körper von unten nach oben.
> Schließe die Augen und nimm dir Zeit für einige tiefe Atemzüge. Folge deinem tiefen Atem und lass beim Einatmen den Atem tiefer in die Bauchgegend hineinfließen, sodass du dabei spüren kannst, wie die Bauchdecke sich nach außen wölbt. Nimm wahr, wie beim Ausatmen sich die Bauchdecke sanft zurückzieht, richte deine Aufmerksamkeit auf deinen harmonischen Atemrhythmus.
> Erlaube dir, harmonisch zu atmen und einfach zu sein. Bewerte den gegenwärtigen Moment nicht, sondern genieße ihn einfach. Stelle dir eine leuchtende Sonne vor. die alles um dich herum und in dir erhellt.
> So denke an die Liebe und schicke ein Lächeln in deinen Körper, und genieße es, wie dein Atem noch tiefer fließt und deine Körpermuskulatur sich weiter entspannt.

> Stelle dir eine traumhafte Landschaft und einen wunderschönen Sonnenaufgang vor. Spüre, wie dich die wärmenden Sonnenstrahlen erreichen und wie sich in dir ein wärmendes Empfinden der Liebe immer mehr entfaltet. Du kannst dich jetzt im tiefen Gefühl der Geborgenheit und des Vertrauens fallenlassen.

> Atme tief ein und tief aus, lass beim Ausatmen alles los, lass die Dinge einfach sein und lass tiefere Entspannung und liebevolles Bewusstsein zu.

> Folge voller Hingabe deinem harmonischen, tiefen Atem und sprich innerlich: »Die Liebe fließt in mir. Ich bin Liebe und bin erfüllt von tiefem Vertrauen. Liebe ist meine Kraft.«

> So mache einen weiteren Schritt, lege deine Hände in betender Haltung vor deinem Brustraum zusammen und sprich innerlich folgendes Gebet:

»Liebe lichtvolle geistige Welt, ich bedanke mich für mein Leben, ich bitte um Segen und Führung. Möge die himmlische Weisheit meine göttliche Seele erreichen. In Achtsamkeit, Liebe und Vertrauen schreite ich bewusst voran.«

> Nimm wahr, wie die heilende Kraft des Gebets dich sanft einhüllt und dein Herz mit Freude erfüllt.

> Lausche in dich hinein und nimm wahr, welche Herzensfrage in dir hochkommt.

> Lass dir einige Atemzüge Zeit, sodass dir diese Frage immer mehr präsent wird und du sie klar und deutlich formulieren kannst. Denn auf klare Fragen entstehen klare Antworten.

> Nun schicke diese Frage an die lichtvolle geistige Welt, indem du durchatmest und in deiner himmlischen Verbundenheit innerlich sagst: »Liebe lichtvolle geistige Welt, mein lieber Schutzengel, was möchtest du mir auf meine Herzensfrage antworten?«

> Atme in aller Ruhe weiter, gehe in deine Wahrnehmung hinein und folge deiner Intuition und deinem inneren Lächeln.

> Folge dem zarten Licht deines Schutzengels und achte darauf, wie du seine Präsenz wahrnimmst.

> Lass dich auf die Farbe, die du wahrnimmst, ein, und frage lächelnd: »Mein lieber Schutzengel, was bedeutet diese Farbe für meine Herzensfrage?«

> Nun lausche auf dein Herz, ohne zu bewerten, indem du einfach deinem tiefen Atem folgst.

> Lass ein liebevolles Empfinden in dir aufsteigen, das sich in ein liebevolles Wort verwandelt, sodass du daraus einen liebevollen Satz formulieren kannst.

> Sprich dieses Wort und deinen Satz innerlich und überprüfe beides. Beobachte dabei: Kannst du währenddessen gut atmen? Kannst du dabei Liebe spüren? Kannst du dabei vollkommen klar sein?

> Wenn du alle drei Überprüfungsregeln bejahen konntest, so hast du deine Botschaft empfangen. Es kann auch sein, dass du nur einen Hauch von Antwort in dir spürst, doch nimm diesen Impuls dennoch mit und lass ihn in dir wirken.

> Nimm abschließend deine Hände wieder vor deinem Brustraum in betender Haltung zusammen und sprich ein Dankesgebet:

»Liebe lichtvolle geistige Welt, ich danke für deine himmlischen Zeichen. Möge der Segen Gottes und die Führung meines Schutzengels mich in allem begleiten. Bitte unterstützt mich dabei, dieses innere Wissen, diese innere Erfahrung in mir wie einen Schatz zu bewahren und aus dieser inneren Kraft der Liebe und Souveränität heraus wirken zu können. Denn ich bin bereit, meinem Herzen zu folgen.«

> Wenn du soweit bist, so öffne langsam deine Augen und komme in das Tagesgeschehen zurück. Bewahre dir die Liebe und die himmlische Verbundenheit in deinem Herzen.

Karma und Wiedergeburt

Sei offen und aufmerksam für die himmlischen Zeichen.
In der liebevollen Achtsamkeit nimmst du die innere
weise und wissende Stimme deiner Seele wahr. Du kannst
zwischen Wesentlichem und Unwesentlichem unterscheiden
und betrachtest die Welt weitsichtiger, voller Vertrauen.
So folgst du deinem lichtvollen Seelenplan und weißt
die himmlische Führung zu erkennen.

Der Begriff Karma stammt aus dem Sanskrit und bezeichnet eine spirituelle Gesetzmäßigkeit, nach der auf jede Aktion eine Reaktion folgt, also jede Handlung unweigerlich eine Folge hat.

Karma bezeichnet also die Folge jeder Tat und die Wirkung von Handlungen und Gedanken auf den Verursacher. Diese Folgen sind nicht unbedingt auf das jetzige Leben begrenzt, sondern entfalten ihre Wirkung auch in nachfolgenden Inkarnationen. Es handelt sich um ein Ursache-Wirkungs-Prinzip, welches sich in den Kreisläufen der Wiedergeburten niederschlägt. Karma entsteht durch eine Gesetzmäßigkeit und keinesfalls durch eine Beurteilung eines Jüngsten Gerichts bzw. eines strafenden Gottes.

Die Auseinandersetzung mit dem Karma bringt uns dazu, unser Leben viel weitläufiger zu betrachten und über unsere Handlungen und deren Folgen nachzudenken. Denn ein Mensch, der nicht in die lichtvolle Zukunft schaut, der nicht seinen Blick auch auf das Wohl anderer richtet, kann kein Glück und vollkommene Zufriedenheit in einem sozialen Netz und vollkommenes Ankommen in seinem liebevollen Lebenssinn erreichen.

Auf Basis meiner Erfahrungen als hellsichtige Person definiere ich Karma so: Beim Karma handelt es sich nicht nur um ein Ursache-Wirkungs-Prinzip, sondern auch und vorwiegend um nicht losgelassene und erlöste Emotionen. Diese sollten wir annehmen und mit unserer Liebe umarmen. Die Emotionen wollen heilen und transformiert werden für eine lichtvolle Zukunft, und die Liebe durchdringt und heilt lichtvoll. Was wir nicht tun sollten, ist, uns den Kopf darüber zu zerbrechen, wer und wie wir in einer früheren Inkarnation waren und was uns widerfahren ist. Denn dahinter kann sich auch ein Wunsch nach Rechtfertigung verbergen, anstatt die Eigenverantwortung und Selbstliebe anzunehmen und zu leben.

Im täglichen Leben geht es für mich um Bewusstseinsentwicklung, darum, wie man liebevolle, kraftvolle und erfolgreiche Gedanken im Jetzt gestalten kann, ebenso liebevolle und heilsame Gefühle. Das verbindet unsere geistige Kraft mit der seelischen Stärke, stärkt die geistige Anbindung, durchlichtet unsere Körperzellen und stärkt unsere Gesundheit. Diese innere Harmonie fördert liebevolle Handlungen im Außen, sodass wir mutig voranschreiten können und das, was wir uns vorgenommen haben, umsetzen können und unserem Herzen folgen. Dieser innere Herzensruf wirkt wie ein Katalysator in unserem Leben, sodass sich unser lichtvoller Seelenplan entfalten kann.

Ich bin davon überzeugt, dass die Frage danach, wer wir früher waren, in den meisten Fällen völlig unwichtig ist. Es ist nicht nur nicht wichtig, sondern sogar in den meisten Fällen hinderlich, ständig zurück in die Vergangenheit zu schauen, da uns dies daran hindert, mit Achtsamkeit, Freude und Kraft in der Gegenwart zu leben. Wir haben zwar eine Vergangenheit, doch wir sind nicht unsere Vergangenheit. Auch wenn die Vergangenheit uns geprägt hat, so sind es unsere Entscheidungen im Hier und Jetzt, in der Gegenwartspräsenz, die uns wirklich ausmachen. So sollten wir belastende Gefühle transformieren, indem wir die Liebe zu uns selbst kultivieren und damit unsere Seele stärken.

Wir sollten uns viel mehr mit den Dingen beschäftigen, die wir heute zu entscheiden haben, und einen lichtvollen, liebevollen Blick auf uns selbst, auf unsere Mitmenschen und auf das Leben werfen; denn aus einer lichtvollen Gegenwart heraus entsteht auch eine lichtvolle Zukunft. Wir vergessen allzu oft, in der Gegenwart zu leben. In unserem Grübeln darüber, was war, verlieren wir uns in der Vergangenheit, und in unserem Grübeln darüber, was werden könnte, verlieren wir uns auch in der Zukunft. Doch das, was war, ist vorbei. Das lässt sich nicht mehr ändern, aber lichtvoll wandeln. Und das, was wird, ist noch nicht da, darauf können wir jetzt keinen Einfluss nehmen. Durch das, was ist, hier und jetzt, entstehen die unbegreiflichen Schicksalsströme, die unseren lichtvollen Seelenplan unterstützen und ermöglichen.

Mit dem, was war, sollten wir uns nur insofern auseinandersetzen, als dass wir lernen, unsere Schöpferkraft zu nutzen und unsere Gefühle zu hinterfragen und zu gestalten, also heilen. Denn wenn wir unsere Gefühle nicht heilen, so werden wir auch unser Schicksal nicht gestalten können, sondern werden es eher erleiden müssen. Deshalb stelle ich in meinen Seminaren, Vorträgen usw. immer in den Mittelpunkt, dass der Mensch als Lichtträger mit freiem Willen ausgestattet und größtenteils selbst für sein Schicksal verantwortlich ist. Durch unser höheres Bewusstsein verbinden sich in uns Himmel und Erde, sodass sich das Göttliche in uns und auch durch uns erfährt.

In meinem Buch »Jenseitige Welten« habe ich bereits ausführlich über das Thema Karma geschrieben. Hier möchte ich noch kurz mit einem Beispiel auf karmische Verstrickungen durch seelische Absprachen hinweisen, da es sich um eine besondere Konstellation handelt. Es handelt sich bei folgendem Beispiel um eine Mutter und ihre kleine Tochter. Aus meiner Hellsichtigkeit heraus sah ich, dass sich die beiden für diese Inkarnation abgesprochen hatten. Das kleine Mädchen war in ihrer letzten Inkarnation die Großmutter der heutigen Mutter.

Und als Großmutter hatte sie sich um ihre Enkelin, heute die Mutter, liebevoll gekümmert. Der Mutter kam der Verdacht zunächst aufgrund von Träumen und Visionen. Zum anderen fiel ihr auf, dass die Tochter häufig die Mutterrolle übernahm und die Mutter tröstete und streichelte, wenn diese z. B. erschöpft war. Des Weiteren zeigten sich bei der Tochter noch im Vorschulalter typische Charaktereigenschaften der Großmutter. Ich konnte den Verdacht der Mutter, dass es sich bei der Tochter um die Inkarnation der Großmutter handelte, vollumfänglich bestätigen. Für die Mutter stand nun die große Aufgabe an, diese karmische Verstrickung zu verstehen und einen Weg zu finden, eine gesunde Beziehung zu ihrem Kind aufzubauen, in der das Kind nicht mehr die Fürsorgerolle hat, sondern in der die Mutter sich um das Kind kümmert und es erzieht. Alles andere würde das Kind überfordern.

Auf die Frage, ob es sich in einem gegebenen Fall um ein zu lösendes Karma handelt oder nicht, antworte ich: »Hören wir auf unsere Seele.« Wenn wir tief in uns hineinblicken, können wir die himmlische Führung erkennen und die innere, weise und wissende Stimme unserer Seele wahrnehmen. Wir können so zwischen Wesentlichem und Unwesentlichem unterscheiden und die Welt weitsichtiger, voller Vertrauen betrachten.

In dieser inneren Präsenz wird es verständlich, dass der göttliche Plan die All-Liebe ist, und wir sollten verstehen, dass Gott nicht eine strafende Instanz im Außen ist, sondern ein erhöhter Bewusstseinszustand des Friedens in unserem Inneren. Sobald wir verstehen, dass die göttliche Kraft immer in uns ist, erleben wir uns als beschützt und sicher. Schon Meister Eckhart hat gesagt:

»Gott ist weder Sein noch Verstand, noch kennt er dies oder das. Darum ist Gott leer von allen Dingen, und darum ist er alle Dinge.«

Aus der göttlichen Kraft heraus sind die Seelen entstanden, welche allesamt fähig sind, eine bewusste Beziehung zu ihrer göttlichen Quelle zu entwickeln. Je feingeistiger ein Mensch ist, desto mehr besitzt er ausgeprägte Antennen für das göttliche Bewusstsein. Durch die Verbindung mit der göttlichen Quelle erhöht sich das Bewusstsein. Dieses Bewusstsein gibt uns die Kraft und die Möglichkeit, die bisherigen Gedankengänge zu überschreiten, lichtvolle Lösungen zu finden und uns in Richtung des noch Unbekannten zu orientieren.

Blockaden auf dem Seelenweg lösen

Deine Seele verfügt über eine spirituelle Intelligenz.
Dieses lichtvolle Bewusstsein ist dein Wesen.
Du bist mit dem Wirken der göttlichen, universalen Intelligenz
über deine spirituelle Intelligenz stets verbunden.
Das ist der Teil von dir, der die Wahrheit darüber kennt,
wer du bist, warum du hier bist und welche Lektionen
du auf Erden zu lernen hast. Dieses liebevolle Empfinden
hilft dir, dein Bewusstsein auf eine höhere Stufe zu bringen
und in der Liebe zu wachsen.

Es ist allgemein bekannt, dass das Unterbewusstsein, das unser Verhalten beeinflusst, von frühen Erlebnissen geprägt wird. Macht jemand in seiner Kindheit vorwiegend positive Erfahrungen, ist die Wahrscheinlichkeit groß, dass er ein gesundes Selbstwertgefühl entwickelt. Sind die Erfahrungen vorwiegend negativ, kann daraus ein niedriges Selbstwertgefühl resultieren.

Negative Erfahrungen können sehr viel unterschwelliger sein als man denkt. Es muss sich nicht um traumatische Erlebnisse handeln, wie bei körperlicher Gewalt durch die Mutter oder den Vater. Nehmen wir das Beispiel, dass ein Kind stürzt und sich am Knie verletzt. Das Kind weint und empfindet Schmerz. Wenn seine Eltern diesen Schmerz ignorieren, erfährt es, dass sein Leid nicht ernst genommen wird, also beginnt es, sich selbst und seine Befindlichkeit ebenfalls nicht ernst zu nehmen, und lernt, seine Gefühle zu unterdrücken.

Reagieren die Eltern rational, sagen sie z. B. »Es ist nicht so schlimm«, fühlt sich das Kind ebenfalls nicht ernst genommen. Für das Kind fühlt sich der Schmerz schlimm an. Das Kind versteht den Satz »Es ist nicht so schlimm« nicht, weil es nicht in der Ratio beheimatet ist, sondern in der Emotio. Das Kind fühlt sich nicht verstanden oder es lernt, dass es seinen Gefühlen nicht trauen kann. Geschieht so etwas öfter, wird das Gefühl des Kindes zum Muster und bleibt ein Leben lang erhalten. Dieses Kind wird sich dann als Erwachsener seinen eigenen Kindern gegenüber genauso verhalten und es entsteht über Generationen hinweg ein Kreislauf. Wir können aber diesen Kreislauf durchbrechen, wenn wir unsere Muster erkennen und uns für ein anderes Verhalten entscheiden.

Bewusste Eltern reagieren auf das Kind, das gestürzt ist und weint, anders. Sie zeigen Mitgefühl, nehmen es in den Arm und trösten es: »Ach Gott, hast du dich verletzt? Ja, das tut bestimmt sehr weh.« Das Kind fühlt sich jetzt gesehen und ernst genommen, sein Gefühl wird von der Bezugsperson bestätigt. So kann das Kind sein Ich spüren, lernt, auch »schwach« sein zu dürfen, seinen Gefühlen zu vertrauen, und erfährt, dass es Schmerz nicht allein ertragen muss. So kann ein Mensch ein gesundes Selbstwertgefühl entwickeln und lernen, was auf der Seelenebene eine liebevolle Beziehung ist.

Trösten heißt nicht, dass man lange bei dem Vorfall bleiben muss. Sobald sich das Kind beruhigt hat und seine Aufmerksamkeit langsam wieder anderem zuwendet, sollte man auch diesen Aufmerksamkeitswechsel bestätigen:»Ach, du schaust auf den Vogel. Ja, der ist schön, nicht wahr?« Trösten heißt auch nicht, abzulenken. Solange das Kind noch in seinem Schmerz ist, sollte man dem Leid des Kindes zugewandt bleiben. Würde das Kind Ablenkung erfahren, würde es sich auch in diesem Fall nicht ernst genommen fühlen. Schon gar nicht sollte Ablenkung mit Süßigkeiten oder überhaupt etwas Essbarem geschehen. Viele Essstörungen gehen auf solche Erfahrungen zurück.

Das Beispiel mit dem gestürzten Kind soll verdeutlichen, wie das Unterbewusstsein eines Menschen geprägt wird. So kann das Selbstwertgefühl eines Kindes gestärkt oder geschwächt werden. Dieses Selbstwertgefühl zeigt sich während des gesamten späteren Lebens.

Wir sollten die Zusammenhänge zwischen Ursache und Wirkung verstehen und uns in unserer Seelenkraft weiterentwickeln. So können wir aus unseren Erfahrungen erkennen, was zu uns gehört und was nicht mehr zu uns gehört. So können wir alle Erfahrungen zur Selbsterkenntnis und Heilung blockierender Muster nutzen, ein Leben nach eigener Fasson gestalten und unserem einzigartigen Seelenweg folgen. So können wir in unserer Seele reifen und zu dem werden, wer wir wirklich sind. So erwachen wir aus dem Unbewussten ins Bewusste und befreien unser Leben!

Je mehr wir zu Sicherheit und Freude durch innere Reife gelangen, umso mehr verlieren wir auch die Angst vor dem Leben und vor der Zukunft. Denn in diesem erhöhten Bewusstsein wissen wir, dass wir allen Lebenserfahrungen gewachsen sind. Auch wenn wir nicht bestimmen können, was auf uns zukommt, können wir immer bestimmen, wie wir damit umgehen. In diesem Seelenpotenzial fühlen wir uns frei! Aus diesem Bewusstsein heraus kann uns nichts begegnen, dem wir nicht gewachsen sind. Denn wir haben die Kraft in uns, die nötig ist, um jede Situation heilsam zu gestalten. Wir können an uns glauben, uns innerlich aufrichten und mit beiden Händen die Situation ergreifen.

Heilsamer Umgang mit Angst

Lebe deine Seelenweisheit. Gedanken allein können einen behindern und krank machen. Doch wenn wir unsere Gedanken mit unserem Herzen verbinden und die Liebe spüren, bekommt der Verstand einen wertvollen Verbündeten. Dann fürchten wir uns nicht mehr vor Schwierigkeiten, sondern schöpfen unser Potenzial aus unserer einzigartigen Herzensweisheit. Das ist ein erfülltes Leben, voller Liebe, Sinn und Kraft.

Die Ursache aller Probleme ist die Angst, die Lösung liegt in der Liebe.

Angst ist grundsätzlich eine Emotion, die für das Überleben wichtig ist. Wenn uns Gefahr droht, erleben wir Angst, unser

Adrenalinspiegel steigt und wir können kämpfen oder fliehen. Angst schützt uns also.

Doch der Mensch hat sehr oft Angst vor Dingen und Situationen, die sein Überleben in keiner Weise gefährden. In dieser Angst führt der Mensch ein blockiertes Leben, er reagiert zurückhaltend oder aggressiv. Diese Form der Angst wirkt sich also negativ auf unser Leben aus. Sie verhindert, dass wir lichtvoll unseren Seelenweg gehen, weil wir uns selbst nichts zutrauen. Diese Form der Angst ist oftmals aus der unbewussten Prägung in der Kindheit entstanden. Im bewussten Leben geht es darum, angstfreier und vertrauensvoller zu werden und mit seinen Gefühlen umgehen zu können.

So sollten wir unsere Ängste hinterfragen: Was kann im schlimmsten Fall passieren, wenn meine Sorgen Realität werden sollten? Und wenn wir erkennen können, dass wir in diesem schlimmsten Falle nicht daran sterben und es immer einen Lösungsweg gibt, können wir uns beruhigen und die Angst transformieren.

Manche Menschen hegen z. B. die Angst, ihr Partner könnte sie verlassen. Nun sollten wir uns fragen: »Was würde im schlimmsten Fall passieren, wenn das tatsächlich eintreten würde?« Nun, wir könnten allein sein und starke Trauer und Verzweiflung durchleben, wir müssten uns neu orientieren, aber wir würden diese Trennung überleben. Also ist diese Angst im Prinzip unberechtigt, denn unser Leben ist dabei nicht in Gefahr. Wir sollten uns bewusst darüber sein, dass es wichtig ist, diese Angst zu transformieren, denn wenn wir uns ständig um unsere Partnerschaft sorgen, ersticken wir mit unseren Zweifeln nach und nach die Beziehung und schaden uns selbst. Aus Zweifeln heraus beginnt der ängstliche Partner, unbewusst zu klammern, er versucht, den anderen zu kontrollieren, benötigt immer mehr Bestätigung, dass er geliebt wird, und stellt sich womöglich in seinem Selbstwert unter den anderen. In dieser inneren Haltung ist man kein gleichberechtigtes Gegenüber, weil man keine ebenbürtige Persönlichkeit mehr darstellt, und damit belastet man die Beziehung und läuft erst recht Gefahr, dass der Partner sich abwendet. Jede Seele ist in der Liebe zu Hause. So kann eine Partnerschaft nur gedeihen, wenn beide sich liebevoll, würdevoll und mit innerer Reife auf Augenhöhe begegnen.

Eine weitere häufige Angst ist es, seinen Arbeitsplatz zu verlieren. Auch hier haben wir die Wahl, kein Opfer eigener Ängste zu sein. Wir können das, was in uns im Verborgenen liegt, ins Bewusstsein bringen, voller Urvertrauen in die geistige Anbindung gehen und uns fragen: »Wenn ich den Job verlieren würde, was könnte dann im schlimmsten Fall passieren?« Wir würden dabei feststellen, dass wir auch das überleben würden, auch wenn wir uns zunächst vielleicht einschränken müssten. Wenn wir begreifen, dass wir es überleben, dann brauchen wir diese ungesunde und zerstörerische Angst nicht nähren. Denn wenn wir diese Angst mit unseren Sorgen noch füttern, wenn unsere Gedanken stetig in Mangelgedanken kreisen, schwächen wir unsere Schöpferkraft. Es fehlt uns an Kreativität und Ideenreichtum, die wir für unseren Beruf und für unseren Erfolg benötigen, und wir ziehen damit Mangel an. Auf diese Weise stehen wir uns selbst im Weg und erschaffen eine negative Realität. Wir sollten bedenken, dass jede Firma eigenständige, kreative und selbstbewusste Mitarbeiter braucht. Jede Firma ist auf Gedeih und Verderb auf die Kreativität, Standhaftigkeit und Zuverlässigkeit ihrer Mitarbeiter angewiesen, auf eine starke Persönlichkeit in jedem Einzelnen.

Die Übung »Heilung des Unterbewusstseins« (siehe Seite 175) hilft uns dabei, unsere bewussten und unbewussten Ängste zu transformieren und unserem Herzensruf zu folgen. Sie unterstützt den lebenslangen Prozess der Liebe und fördert das Selbstbewusstsein.

Leider wird in der Erziehung häufig das Selbstbewusstsein als etwas Negatives vermittelt. Viele sind konfrontiert worden mit Sprüchen wie »Denkst du, du bist etwas Besonderes?« und schon sank ihr Selbstwert. Wir können aber unseren Selbstwert wieder aufbauen. Wir sollten die Eigenschaft des Selbstbewusstseins neu und liebevoll definieren, nämlich: Selbstbewusstsein bedeutet, sich der Qualität seiner eigenen Gedanken, der Qualität seiner eigenen Gefühle und der Folgen seiner eigenen Handlungen bewusst zu sein. Ich sage dann: »Ich bin mir meiner selbst bewusst.« Dann bin ich in meinem Körper (Atem), meiner Seele (Gefühle) und meinem Geist (Gedanken) ausgeglichen. Denn Energie folgt den Gedanken – wir erschaffen durch unsere liebevolle Resonanz unser liebevolles Selbst- und Weltbild und damit eine positive und liebevolle Realität. So können wir ein lichtvolles, bodenständiges und lösungsorientiertes Leben führen. Denn wir lernen durch unser Selbstbewusstsein Lösungen auf unsere Fragen zu finden und hören auf unser Herz. So bedeutet die Fähigkeit, sich voller Liebe und Klarheit hinterfragen zu können, sich selbst zu fördern. An sich zu zweifeln bedeutet, sich zu blockieren. Das sind zwei verschiedene Daseinsqualitäten, für die wir uns jeden Tag bewusst wie auch unbewusst entscheiden, auch abhängig davon, ob wir unseren Tag mit einem Lächeln beginnen oder mit Unzufriedenheit.

Je mehr wir unser Unterbewusstsein verstehen, umso mehr verstehen wir uns selbst und entmachten blockierende Ängste, fördern die Liebe in uns, vor allem unsere Selbstliebe. Dann sind wir liebevoll, doch nicht naiv, wir sind harmonisch, doch nicht harmoniebedürftig. Dann sind wir voller Klarheit, Aufmerksamkeit und Offenheit und können uns in Gleichmut, in Gelassenheit und aufrichtigem Interesse von der Andersartigkeit unseres Gegenübers gefördert fühlen statt herausgefordert. Unser Selbstbild und Weltbild sind positiv, weil wir uns unseres Seelenpotenzials bewusst sind. So sind wir stets ins der Lage, unser Leben nach liebevollen Werten auszurichten, denn die Liebe ist die Quelle des Friedens, der Stimmigkeit, der inneren Geborgenheit und der Zuversicht in uns. In dieser Seelenstärke treffen wir keine halbherzigen Entscheidungen mehr, sondern halten unsere lichtvollen Ziele fest im Blick. Den Weg dorthin gestalten wir jedoch flexibel, spontan und kreativ, weil wir uns vom Universum leiten lassen, und wir ergreifen die Chancen, die sich uns bieten.

Auf diesem so wichtigen Seelenweg sollten wir mit uns selbst auch geduldig sein, denn manchmal haben wir das Gefühl, wir kommen jetzt nicht voran. Wir sollten uns dabei daran erinnern, dass das Unterbewusstsein grundsätzlich Angst hat vor Veränderungen, selbst wenn diese positiv und befreiend sind. Denn das Unterbewusstsein mit seinen Programmierungen ist wie ein fünfjähriges Kind. Und wir wissen, dass Kinder Gewohnheit brauchen, das gibt eine gewisse Geborgenheit. So halten wir an alten Strategien und Verhaltensweisen oft fest. Je mehr Erfahrung wir mit der Übung zur Heilung des Unterbewusstseins erlangen, umso mehr bauen wir Brücken in ein neues Leben, haben immer weniger Angst vor dem Neuen, gewöhnen uns neue, liebevolle und gesunde Verhaltensweisen an, die uns auch Sicherheit vermitteln, und wir können uns mit stärkerem Selbstvertrauen immer mehr auf das Neue im Leben einlassen. Jegliches braucht seine Zeit. Und nach und nach erkennen wir den inneren Heilungsprozess, wir erkennen, dass die Liebe die Angst überwiegt, indem wir uns selbst mehr vertrauen, uns im Leben mehr zutrauen, unsere ängstlichen dunklen Fantasien sich in bunte Träume verwandeln und wir unsere »Lieblingsängste« nicht mehr pflegen. Wir werden zu liebevollen, gereiften Persönlichkeiten, die nicht hinter deren Rücken über andere reden, sondern bewusst und präsent mit den anderen kommunizieren. Wir lassen uns weniger von Medien unterhalten, was eher einer passiven und unbewussten Lebensgestaltung entspricht, sondern wir gestalten unser eigenes Leben spannend und erleben es mit allen Sinnen aktiv. In so einem erfüllten Leben wird uns dann mehr und mehr bewusst, dass die Dinge, die uns nicht »umgebracht« haben, uns erstarken ließen.

Wir sollten unser Unterbewusstsein jedoch niemals als unseren Feind betrachten. Unser Unterbewusstsein möchte uns einfach vor einem Schmerz bewahren. Und da das Neue oftmals unvorhersehbar erscheint und damit auch unkontrollierbar, möchten wir es unbewusst vermeiden. Doch wir müssen lernen, unsere Gefühle lichtvoll zu gestalten, damit wir nicht in Ängsten erstarren, obwohl gar keine reale Bedrohung da ist. So sollten wir immer wieder aus unserer Komfortzone heraustreten und uns voller Selbstvertrauen auf Neues einlassen, denn tiefes Vertrauen zu sich selbst bietet den größten Schutz. Auf diese Weise entdecken wir die Fertigkeiten für notwendige Lösungen, die uns weiterbringen. Dies entspricht einem spirituellen Leben im Alltag.

So haben wir immer die Wahl, uns mit jedem Atemzug dafür zu entscheiden, was für uns von Bedeutung ist. Wir können uns für die Angst entscheiden und flach in die Brust atmen, oder wir können tief in den Bauch hineinatmen, uns wahrnehmen und uns für die Liebe entscheiden. Dann gehen wir unseren erfüllten Seelenweg voller Liebe und Vergebung.

Vergebung ist ein liebevoller Bewusstseinsprozess, und vergeben kann nur der, der liebt. Vergebung ist eine Form von tiefstem Verständnis, der tiefsten Gnade in unserem Herzen, also unsere wahre göttliche Natur, die alles begreift, die alles erkennt, die Gutes erschafft. Wenn wir nicht bereit sind, zu vergeben, haften wir mit unseren Gedanken an vergangenen Geschehnissen an. Das heißt, nicht die früheren Enttäuschungen und Verletzungen haften an uns, sondern wir haften an ihnen durch unsere bewertenden Gedanken. Dies sollten wir erkennen, auch uns selbst vergeben und damit frei werden. Dann wird unser Atem regelmäßig tiefer fließen und wir werden in innerer Balance und Selbstvertrauen leben. Damit können wir uns besser strukturieren, unseren Alltag kraftvoll gestalten und auch gut für uns selbst sorgen.

Die Ich-Kraft befreien

Wir sind seit Anbeginn unseres Lebens auf der Suche nach dem Sinn und der Wahrheit. Das Leben sowie die notwendige persönliche Entwicklung stellen uns laufend vor viele Fragen. Je wissender ein Mensch wird, umso sicherer und friedvoller wird er auch werden. Denn jede Seele strebt nach einem erfüllten und lösungsorientierten Leben und ist in der Liebe des Herzens zu Hause. Durch die liebevolle Besinnung auf die Weisheit gelingt es uns, zurück zu unserer inneren Sicherheit und unseren liebevollen Herzensqualitäten zu gelangen.

Während unseres Lebens begleiten uns Fragen nach Liebe, Freiheit und Heilung. Immer wieder sollten wir innehalten, um uns mit diesen wesentlichen Fragen und unseren Bedürfnissen ernsthaft auseinanderzusetzen. Dies fördert unser Bewusstsein für unsere Einzigartigkeit und individuelle Persönlichkeit. Es hilft uns, unser Seelenpotenzial zu entfalten und kraftvolle Lösungen im Leben zu finden. Je bewusster wir unsere liebevolle Seelenqualität in unserem Leben einsetzen, umso leichter durchschreiten wir die Höhen und Tiefen des Lebens. Denn liebevolle Impulse helfen, uns auf das Wesentliche zu fokussieren, und geben uns eine lichtvolle Orientierung.

Auch wenn wir nicht in einem eisernen Gefängnis sitzen, aus dem wir uns befreien müssen, so fühlen wir uns doch oft genug unfrei. Zum Beispiel, wenn wir uns etwas nicht trauen, was wir uns eigentlich erlauben möchten, oder uns etwas nicht zutrauen, was eigentlich doch unserem Herzen entspräche. Manchmal haben wir das Gefühl, als ob wir uns im Kreis drehen oder in eine Sackgasse geraten. Vielleicht kommt es auch zu leidvollen Wiederholungen im Leben, z. B. Streitigkeiten in den Beziehungen oder immer wiederkehrenden Gefühlen des Gelähmtseins.

Um dieses Gefühl des Sich-unfrei-Fühlens geht es in diesem Kapitel, darum, dass wir uns ohnmächtig fühlen und wie wir uns aus der Ohnmacht befreien können. Denn unsere Seele kann sich nur in Liebe und Freiheit entfalten.

Nicht nur das Gefühl der Ohnmacht ist uns vertraut, sondern wir kennen auch das Gefühl von einem unglaublichen Kraftschub. Immer dann, wenn wir z. B. stolz auf uns selbst sind, in Momenten, in welchen wir voller Freude und Selbstwertgefühl sagen können: »Ich habe es geschafft!« Zum Beispiel, wenn wir eine Prüfung, ein Studium oder ein Projekt erfolgreich abgeschlossen haben, wo die eigene Kreativität, der eigene Ideenreichtum gefragt war. Oder wenn wir uns lange Zeit von anderen Menschen dominiert gefühlt hatten und eines Tages der Moment kam, wo wir uns wehren, gesunde Grenzen ziehen und »Nein« sagen konnten. In diesen Momenten erleben wir befreite Seelenkraft. Diese Erfahrungen des Über-sich-hinaus-Wachsens verändern das Selbstbild und auch den Blick auf das Leben; neue seelische Ressourcen tauchen auf.

All das spiegelt unser inneres Potenzial wider, sobald wir uns darauf einlassen und uns unsere eigene »Ich-Kraft« zugestehen. Denn wir leben in einem Zeitalter der Individualisierung. Heute geht es um unser individuelles Rückgrat, aus welchem gute Ideen und Lösungen entstehen, für den beruflichen, gesundheitlichen und privaten Bereich, kurzum für ein erfülltes, erfolgreiches Leben auf allen Ebenen. Diese Ich-Kraft ist sehr wichtig in der gelebten Spiritualität, in einem kraftvollen und liebevollen Menschen.

Viele Menschen glauben, dass Spiritualität bedeutet, sein Ich zu überwinden oder aufzulösen. Ich habe noch niemanden gesehen, der glücklich bei so einem Versuch wurde, denn so etwas ist völlig unnatürlich. Wir sind hier auf unserem Lebensweg, um uns auf der Erde wahrzunehmen, zu lieben und in unserem Seelenpotenzial zu wachsen. Wir sind hier, um in unserer Kraft etwas zu leisten, und nicht, um uns vor dem Leben zu verschließen, uns aufzulösen und so vor dem Leben zu flüchten.

Meine Erfahrung ist, dass es eher darum geht, sich in seinem Mensch-Sein stark, geerdet und aufgerichtet zu fühlen. Im Bewusstsein für unsere einzigartige Kraft können wir uns liebevoll weiterentwickeln und auch unser Umfeld positiv unterstützen.

Die positive Macht
des Unterbewussten fördern

Es gibt keine falschen Entscheidungen, sobald wir nach jeder
Lebenserfahrung feststellen können, dass diese eine wichtige
Rolle für die Entwicklung unserer Seele gespielt hat. Alle Wege
führen in das göttliche Bewusstsein. So betrachte alle
Geschehnisse aus Weisheit und Weitsicht heraus und handle
liebevoll und konsequent. Bedenke in allen Lebenslagen, die
waren oder sein werden: Wir können stets nur so handeln, wie
dies in dem jeweiligen Moment unserer seelischen Reife
entspricht. So handle stets aus dem Herzen.

Bei all den Fragen nach unserem persönlichen Seelenpotenzial
kommen wir um das Thema »Bewusstsein« nicht herum. Es gibt
drei wesentliche Bewusstseinsebenen:

> Die Kraft des Bewusstseins: Dies sind alle Handlungen, die
> wir bewusst wahrnehmen und steuern.

> Die Kraft des Überbewusstseins: Dies entspricht einer starken
> Intuition, Inspiration, feingeistigen Fähigkeiten und dem Vi-
> sionär in uns. Denn wir alle haben eine himmlische Verbun-
> denheit mit dem universellen Wissen, mit einer grenzenlosen
> Kraft, von der wir uns immer wieder inspirieren und leiten
> lassen sollten.

> Die Kraft des Unterbewusstseins: Dies sind die unbewussten
> Emotionen und Prägungen. Sie steuern unser Selbst- und
> Weltbild. So filtert unser Unterbewusstsein genau das, was

unseren Prägungen und damit Vorstellungen entspricht und hilft uns, die Erfahrungen zu verarbeiten.

Wenn wir tiefer in unsere Weisheit, in unsere Eigenständigkeit, in unser Potenzial vordringen möchten, sollten wir über die uns innewohnenden Kräfte Bescheid wissen. Unsere Kindheitsprägungen können uns fördern oder blockieren. Es gilt, über alle blockierenden Emotionen, die uns lähmen, hinauszuwachsen. Sonst stehen wir uns im Leben selbst im Weg, indem wir uns aus der inneren Ohnmacht und Gleichgültigkeit heraus nichts zutrauen. Unsere Energie folgt unseren Gedanken. Wir sollten aufmerksam unserem eigenen Schöpferpotenzial gegenüber sein und darauf achten, wo wir regelmäßig dieselben Irritationen und Streitpunkte anziehen, die sich wie eine Wiederholungsschleife anfühlen.

Gleichzeitig haben wir auch eine befreiende, liebevolle Kraft des Unterbewusstseins in uns, nämlich eine Kraft, die uns hilft, etwas überwinden zu können, über die Ohnmacht hinauszuwachsen, zu verstehen und zu reifen, in Selbstvertrauen und innerem Potenzial zu erwachen. Das Unterbewusstsein blockiert uns nicht nur, es ist nicht unser Feind, auch wenn wir das oft als solches spüren, sondern unser Freund. Es möchte uns durch sogenannte »Bremsen« beschützen und Schmerz vermeiden.

Für uns stellt sich die Frage: Wie können wir die Macht des Unterbewussten so verstehen, dass wir eine Balance schaffen zwischen Zurückhaltung und Hingabe, sodass wir uns nicht ohnmächtig fühlen? Wie können wir lernen, uns richtig einzuschätzen, sodass weder Selbstunterschätzung noch Selbstüberschätzung vorherrschen und uns auf den falschen Pfad führen? Denn in gesunder Selbsteinschätzung befreien sich unser Seelenpotenzial und unsere Kreativität.

Bedenken wir, dass Selbstunterschätzung und Selbstüberschätzung aus der gleichen Wurzel kommen. Die Wurzel ist die Angst, und die ist die blockierende Macht des Unterbewussten. Der Unterschied ist, dass es sich anders anfühlt. Bei der Selbstunterschätzung ist es so, dass man die Angst gegen sich lenkt und sich gar nichts wert ist. Für diese Lenkung der Angst gegen sich selbst steht körperlich gesehen in der chinesischen Medizin der Funktionskreis Niere/Blase. Nierensteine sind z. B. ein Ausdruck materialisierter Furcht. Und Selbstüberschätzung kommt aus der Aggression, die oft auch aus der Angst stammt. Bei der Aggression kann es sich durchaus um die größte Form der Angst handeln. Ein aggressiver Mensch ist ein zutiefst verunsicherter Mensch. Er erhebt sich gern über andere, um seine Furcht zu kompensieren. Er kann sich nur sicher fühlen, indem er andere unterdrückt und Furcht verbreitet. Denn wenn andere Angst vor ihm haben, fühlt er sich stärker, stellt sich über andere, überschätzt sich.

Beide Eigenschaften bedeuten, aus der Balance geraten zu sein. Wenn wir zu viel Angst in der Kindheit erlebt haben, ist keine Balance vorhanden und das Unterbewusstsein, als die Summe der Emotionen, beherrscht unseren Charakter. Es gibt ja diese Momente, in denen man plötzlich ängstlich wird und sich nicht zu wehren weiß. Die Angst ist zu groß, sie kontrolliert unser Verhalten, anstatt dass wir die Angst lösungsorientiert und sinngemäß lenken. Genauso kennen wir die Angst, bei der das

Fass zum Überlaufen kommt, wir werden aggressiv – wir schreien z. B. den Partner oder den Kollegen an. Das ist der cholerische Bereich.

Diejenigen, die sich ihre Gefühle ehrlich eingestehen können, sind auch in der Lage, an sich zu arbeiten und sich und anderen zu helfen, indem sie ihre Liebe in den Vordergrund stellen. Menschen, die gar keine Angst mehr wahrnehmen, die über allem erhaben sind und keinerlei Selbsterkenntnis zulassen, sind oftmals so verbittert und in ihrem emotionalen Herzen verschlossen, dass sie in diesem Leben niemanden mehr an sich heranlassen und jegliche seelische Entwicklung verweigern. Man erkennt sie oftmals an einer nicht mehr sichtbaren Oberlippe. Doch man sollte liebevoll und mit Verständnis mit solchen Menschen umgehen, auch nicht versuchen, sie zu belehren. Man sollte sie lieber segnen und ihnen wünschen, dass sie in einer nächsten Inkarnation zur Liebe finden.

Die emotionale Entwicklung zu seelischer Reife und Freiheit hängt stets von der eigenen Lebenseinstellung ab. Meine persönliche Einstellung ist folgende: Ich bin allzeit dankbar für das Leben, dankbar für jeden einzelnen Tag. Ganz gleich, wie kurz oder lang mein Leben sein darf, ich möchte, dass es eine gute Qualität hat. Eine gute Lebensqualität bedeutet für mich ein friedvolles Leben in einem friedvollen Miteinander, ohne Kampf und Streit. Ein Leben in einer guten Lebensqualität bedeutet für mich auch ein erfolgreiches und unabhängiges Leben, ohne Mangel. Denn die Fülle des Kosmos ist grenzenlos, und es ist auch ein Ausdruck dessen, was in uns schwingt, was wir in unserer Schöpferkraft annehmen, erschaffen und fördern. Ein Leben in erhöhter Lebensqualität bedeutet für mich eine stabile und harmonische Partnerschaft, in der die Partner sich gegenseitig in ihrer Entwicklung fördern und daran interessiert sind, dass jeder sich in seinen Talenten und Interessen entwickelt. Ein Leben in einer erhöhten Lebensqualität bedeutet zu wissen, dass ich meine Schöpferkraft einsetzen kann. Ich kann zwar nicht immer bestimmen, was um mich her geschieht, was mein Partner, mein Kind, was die Mitmenschen machen. Der Wunsch danach, das bestimmen zu können, käme aus der Furcht heraus, würde Kontrollverhalten bedeuten und dazu führen, dass Beziehungen zerbrechen. Auch Betriebe können nicht gedeihen, wenn sie kein Vertrauen haben und die Mitarbeiter kontrollieren. Durch Angst und Kontrollverhalten kann keine Kreativität entstehen. Nur über Bewusstheit und Vertrauen kann die Kreativität fließen.

Für uns stellt sich also die Frage: Was ist notwendig, damit wir aus einer vorhandenen Disharmonie, aus Angst oder Aggression, herauskommen und unsere liebevolle Seele befreien? Wie kann man es schaffen, dass einem die ängstliche Situation nicht über den Kopf wächst, dass man sich nicht in Dramen verwickelt und nicht in herausfordernden Situationen auch noch Öl ins Feuer gießt? Wie kann man seine Schöpferkraft positiv lenken, damit man in Lebenssituationen aus einer Mücke keinen Elefanten macht, die Dinge nicht überbewertet und ihnen dadurch nicht noch mehr Macht gibt?

Eine große Portion Vertrauen und Achtsamkeit gehört zum Leben. Wie schon beschrieben, können wir nicht immer bestimmen, was uns begegnet, doch wir können immer bestimmen, wie wir mit den Dingen umgehen. Ein Wunsch nach Kontrolle kommt immer aus einem Mangel an Vertrauen heraus. Nehmen wir als Beispiel eine Gesprächssituation, bei der sich das Gespräch in eine unschöne Richtung entwickelt. Seitdem ich mir in solchen Situationen bewusst die Frage stelle, wie ich lichtvoll damit umgehen möchte, behalte ich meine geistige Anbindung und meine Schöpferkraft bei mir. Dies bedeutet, ich bleibe bei mir, bleibe in der Ruhe, fühle mich nicht angegriffen. Ich bin dann geschützt und kann das Gespräch in die Richtung lenken, die meinen Werten entspricht, nämlich in eine friedvolle, liebevolle Richtung. Dabei bleibe ich entspannt und achte auf eine harmonische Bauchatmung. So sehe ich bei Verhandlungen stets auch die Bedürfnisse der anderen Seite mit dem Ziel, dass eine Win-Win-Situation entsteht.

Man kann ruhig und aufmerksam bleiben, wenn man vorher für sich abklärt: »Wie möchte ich mich dabei fühlen?«, »Wie gebe ich mich in diese Situation hinein?«, anstatt: »Was passiert hier, was will mein Gegenüber von mir?« In den meisten Fällen will uns niemand benachteiligen oder angreifen, auch wenn wir dies unbewusst anderen oftmals unterstellen. Wir selbst bestimmen, wie wir mit den anderen umgehen und somit auch, wie die anderen mit uns umgehen. Kluger Umgang bedeutet: Mögen die Gedanken, die Fragen nicht mit dem Wort »was« beginnen. Das ist die Wurzel des Problems. Das führt sofort unbewusst in die Ohnmacht, in die Angst, in die Unproduktivität. Mögen unsere Gedanken mit »wie« beginnen: Wie fühle ich mich, wie möchte ich, dass die Situation ausgeht, wie fühlt sich der andere? Das ist klug. Das ist höhere Intelligenz. Unser Gehirn ist dann automatisch mit dem Herzen verbunden, weil wir bewusst fühlen und so mit dem Universum, mit der höchsten Kraft des Friedens, mit der Schöpferkraft der Liebe, der Achtsamkeit eins sind. Ich empfehle auch immer, bereits im Vorfeld die lichtvolle geistige Welt zu bitten, das Gespräch so zu unterstützen, dass es für beide Seiten stimmig verläuft.

Blockierende Muster auflösen

Lebe deine eigene Wahrheit und sei authentisch.
Darin offenbart sich dir deine Seele. Höre auf dein Herz
und folge deinem stimmigen Gefühl.
Achte in allen Entscheidungen auf dein tatsächliches
Wohlbefinden im Inneren. Denn jegliche Unsicherheit
oder Sorge ist nur eine Warnung deines Herzens,
es anders zu machen, und gibt dir hilfreiche
Orientierung in deinem lichtvollen Seelenplan.
Lebe authentisch das, was du fühlst.

Es gibt Menschen, denen Ohnmacht und Aggression vertrauter sind als die Liebe. Wie kommt es dazu? Was wirkt im Unterbewusstsein, welches uns lenkt? Wie entstehen blockierende Verhaltens- und Gedankenmuster?

Sicher kommt jedem die folgende Situation aus dem Alltag bekannt vor: Die Kinder verhalten sich nicht so, wie die Erwachsenen es wollen. Jede Mutter und jeder Vater hat wohl schon mal eher gereizt reagiert, wenn sie oder er z. B. müde war. In solchen Momenten besteht die Gefahr, verletzend zu werden.

Doch genau in solchen überfordernden Situationen müssen wir darauf achten, dass wir nicht in die Ohnmacht oder Aggression verfallen. Wenn sich Eltern überfordert fühlen, weil das Kind nicht das macht, was sie wollen, fühlen sie sich selbst hilflos. Was tut der Mensch, wenn er sich hilflos fühlt? Die einen sacken in sich zusammen, die anderen reagieren aggressiv. Doch das führt zu nichts. Solche Reaktionen schaden nur der Eltern-Kind-Beziehung, und das Vertrauen der Kinder zu ihren Eltern zerbricht. Das sind die Momente, in denen wir es schaffen sollten, nicht in die Ohnmacht, aber auch nicht in die Aggression zu gelangen.

Wie können wir in solchen Momenten unsere eigenen blockierenden Muster erkennen und sie nicht an den anderen auslassen? Wie können wir die Situation als Lehrmeister nutzen und sie erlösen, um zu unserem Wesenskern vorzudringen, um authentisch zu sein und uns in höherer Kraft geborgen zu fühlen? Denn zu dieser positiven Kraft zieht es uns hin, und wir wollen aus Liebe heraus mit dem Höchsten verbunden sein. Das, worum es hier geht, ist das zutiefst Menschliche. Menschsein können wir nicht studieren, wir sind es.

Die Antwort ist Verstehen und Mitgefühl. Über das Mitgefühl kommen wir jeden Tag in die Balance. Dies erfordert eine Bewusstwerdung, denn die Prägungen, die Ängste, die Traumata sind machtvoll und oft unbewusst. Ich bin mir sicher, dass jeder eine Situation kennt, in der er wütend war, aber gern in die Liebe wollte! Das Herz fühlt sich an wie zubetoniert. Eigentlich würde man jetzt gern das Kind umarmen und den Streit beenden, aber man ist noch rasend und das Kind stur. Oder man würde gern dem Partner vergeben, ihn umarmen und küssen, aber ein anderer Teil in einem will den Zustand nicht loslassen. Diese Gefühle können wir nicht willentlich steuern, es sind Gefühle.

Liebe und Vergebung sind auch kein Akt des Willens, sondern ein innerer Prozess, der mit jeder Lebenserfahrung immer tiefer geht und intensiver wird. Je mehr man reift und sich seinen Gefühlen stellt, umso greifbarer werden Liebe und Vergebung.

So kann es vielen Menschen passieren, dass sie sich über Jahre oder Jahrzehnte hinweg bemühen, gegen eine sich ständig wiederholende Angst oder gegen ein Hindernis anzugehen. Sie lesen Bücher darüber, besuchen Vorträge oder Seminare und denken, sie haben alles verstanden – und kurz darauf tritt z.B. ein dominanter Mensch in ihr Leben und sie fühlen sich so, als ob ihnen wieder der Boden unter den Füßen weggezogen würde. Oder es wird eine Erkrankung bei ihnen festgestellt oder ein anderes Schicksal vollzieht sich. Doch wenn wir nun, statt aufzugeben, uns der Krise erneut stellen und sie überwinden, sitzen wir irgendwann vielleicht in unserem Zuhause, schauen aus dem Fenster, und plötzlich können wir tief durchatmen und eine tiefe Gnade in uns spüren, eine tiefe Zuversicht und Vertrauen in uns selbst und in das Leben. Nun erkennen wir, dass wir heute mit dieser Herausforderung ganz anders umgehen können als noch vor einigen Jahren.

Wenn dir dieser innere Prozess in der Persönlichkeit bewusst wird, öffnet sich dein Herz noch mehr in tiefer Dankbarkeit, und du kannst spüren, dass du durch all die Lebenserfahrungen gereift bist. Diese Ereignisse haben dich zwar durchgeschüttelt, aber dadurch bist du dir selbst noch mehr bewusst geworden.

Aus dieser Haltung heraus kann sich ein tiefer Zustand der Vergebung entwickeln. Wir sind fähig, tiefes Mitgefühl für das Leben und unsere Mitmenschen zu empfinden, weil wir tiefstes Mitgefühl für uns selbst spüren, indem wir erkennen, was wir alles schon gemeistert haben. Plötzlich kreisen unsere Gedanken nicht mehr darum, was alles passiert ist, sondern unser Herz spricht in tiefer Gnade: »Wie wunderbar habe ich doch das alles gemeistert.« Menschen, die ihr Leid überwunden haben, sind oftmals die mitfühlendsten Menschen geworden. Ein Mensch ist dann gereift, tief in seinem Inneren, in seiner Persönlichkeit, in seiner göttlichen Seele, in seiner Individualität, in seiner Schönheit und in seinem Potenzial, wenn sich sein Vertrauen in seinen tatsächlichen Handlungen widerspiegelt.

Wir kennen Situationen, in denen sich jemand in einer uns unliebsamen Weise verhält, wir wütend werden und glauben, dass es uns schlecht geht, weil der andere sich so benommen hat. »Klaus hat schon wieder den Müll nicht rausgebracht! Wenn er das getan hätte, würde die Küche besser aussehen und ich würde mich besser fühlen. Doch weil er das nicht gemacht hat, fühle ich mich schlecht, er ist schuld.« Solche Gedanken kommen einem oft unwillkürlich. Doch Gedanken erschaffen Gefühle, und Gefühle erschaffen Verhalten. Der Konflikt ist vorprogrammiert.

Der Hintergrund unseres Verhaltens ist, dass wir kein Vertrauen in uns selbst wie auch in andere haben. Für die Entwicklung des Vertrauens in unserer Seele sind mehrere Schritte wichtig. Zunächst einmal müssen wir uns unserer automatischen Gedanken bewusst werden: »Klaus hat den Müll nicht hinausgebracht, deshalb geht es mir schlecht.« Jetzt sollten wir einmal

innehalten und uns nicht in diese Gedanken und Gefühle hinein-
steigern. Sobald wir tief durchatmen, können wir unsere
Gedanken abfangen und tatkräftig werden. Dann können wir
lösungsorientiert und eigenständig nachdenken, anstatt prob-
lembehaftet im Konflikt zu verweilen. Wir bewahren einen
klaren Kopf und können uns fragen:»Was ist hier passiert, worum geht es gerade?« Die Antwort lautet:»Um den Müll.« So
bleiben wir sachbezogen, anstatt uns über unsere Mitmenschen
zu ärgern und alles auf uns persönlich zu beziehen. Als nächstes
können wir uns fragen:»Wie möchte ich mich fühlen?« Die Antwort lautet sicherlich:»Ich möchte mich wohlfühlen.« Die
nächsten Fragen sind:»Was ist dafür nötig? Was trage ich selbst
zu meinem Gefühl bei?« Ein Ergebnis könnte sein, dass ich selbst
den Müll hinausbringe, und wenn ich den Eindruck habe, dass
viele Arbeiten an mir hängenbleiben, dann spreche ich klar mit
meinem Partner, wie wir die Aufgaben besser verteilen können.
Denn die anderen Menschen können nur dann wissen, wie wir
uns fühlen, wenn wir es deutlich und frei von Schuldzuweisung
äußern.

Das ist gelebte Spiritualität, das ist spirituelle Entwicklung
mit psychologischer Tiefe – und doch ist es zutiefst menschlich.

Das Leben gibt uns jeden Tag viele lehrreiche Lektionen. Wir
können täglich unser Bewusstsein erhöhen und liebevoll in unserer Persönlichkeit reifen. Wir alle sind dem Leben und all seinen
Prozessen gewachsen, weil inneres Wachstum ein natürlicher
Prozess ist.

Wie können wir also aus einer Ohnmacht oder Aggression
herauskommen, allen Stürmen trotzen, stets wie ein Fels in der

Brandung sein und in allen Lebenssituationen die innere Ruhe bewahren? Die Selbsterkenntnis und die Selbstliebe bilden die Tür zu unserer Schöpferkraft, zur individuellen Spiritualität, zu unserer bewussten geistigen Anbindung.

Wenn wir emotional unabhängiger sein wollen, sollten wir uns vergegenwärtigen, was uns abhängig macht. Diesen Hintergrund sollten wir erkennen und damit beginnen, dies in Liebe zu transformieren. So werden uns die unbewussten Gefühle bewusst, das Unterbewusstsein kann nicht mehr unser Leben beeinflussen, sondern wir verbinden uns mit einer höheren, weisen Instanz der Liebe. So wachsen wir aus der Ohnmacht in die positive Macht hinein, nämlich in die Entscheidungs- und Gestaltungsfähigkeit.

Viele Menschen haben Angst vor tiefgehender Selbsterkenntnis, weil dies inneres Wachstum bedeutet. Und Wachsen und Reifen setzen voraus, dass wir bereit sind, unsere Komfortzone zu verlassen. Bei der Selbsterkenntnis müssen wir unsere »alten« Wahrheiten hinterfragen, uns nicht an ihnen festklammern, sondern uns auf das Leben und auf Neues einlassen, wir müssen neue Verhaltensweisen ausprobieren. Vertrauen heißt ja, sich dem Lebensfluss zu stellen und nicht das Leben abzusitzen. Wir können nur etwas Neues erfahren, wenn wir uns dem Neuen stellen. Dabei sollten wir bedenken und akzeptieren, dass jeder Mensch ein Individuum ist und somit auch individuell denkt.

Beispielsweise denkt unser Partner oder unser Kind berechtigterweise anders als wir, weil auch sie einzigartige Individuen sind. Wenn sie eine andere Meinung haben als wir, sollten wir diese respektieren. Wir können die andere Meinung als Perspektivenwechsel betrachten und erkennen, dass wir voneinander lernen können, anstatt einander zu bekämpfen. In dem Moment, in dem wir nicht ständig Recht haben wollen, finden wir Zugang zu der positiven Macht unseres Unterbewusstseins, und Konflikte hören auf. Nicht krampfhaft Recht haben zu müssen, ist ein Zeichen von innerer Reife. Wir spüren Vertrauen zu uns und sind so in der Lage, uns von anderen Sichtweisen inspirieren zu lassen. Inspirieren lassen bedeutet nicht, dass wir die Meinung des anderen annehmen und die eigene aufgeben. Sich vom anderen inspirieren zu lassen, bedeutet, dass wir uns Zeit nehmen, die Eindrücke sammeln und so unseren eigenen Horizont erweitern, bis sich daraus eine eigene Perspektive bildet, die uns dann auch weiterbringt.

Wenn wir stets in unserer Liebe bleiben, innere Ruhe bewahren und weise auf die Dinge und unsere Mitmenschen schauen, fühlen diese sich nicht dominiert oder bevormundet und auch nicht kritisiert. In einer weisen inneren Haltung besteht auch nicht die Gefahr, dass wir unsere Mitmenschen unbewusst mit unserer eigenen Angst anstecken, sondern wir bleiben in unserem emotionalen Herzen offen. So bleibt unser Gegenüber ebenfalls in seinem Herzen offen, und das Gespräch gewinnt an Kreativität, weil Vertrauen zu fließen beginnt.

Wie kann man diese Gesprächsqualität begünstigen, damit dabei auch positive Kraft des Unterbewusstseins fließt? Wir achten während des Gesprächs auf unsere tiefe Bauchatmung. Denn dann sind wir aufmerksam für die Bedürfnisse wie auch die Weisheit des anderen und ruhen in uns. Dann sind wir ebenbürtig und gleichberechtigt. Die Weisheit wiederum schickt uns gute

Einfälle, wir finden die richtigen Worte und gestalten den Weg. Im Selbstvertrauen können wir Eindrücke auf uns wirken lassen, bis sich unsere eigene kraftvolle Meinung bildet und wir damit authentisch sind. Denn sonst besteht die Gefahr, nicht mehr lernfähig zu sein, sondern emotional verhärtet und manipulierend. Sind wir uns unseres Selbst und unserer Seelenkraft nicht bewusst, so sagen wir zu schnell »Ja«, wo wir doch eigentlich »Nein« sagen wollten. Wir lassen uns zu etwas überreden, nur um dem anderen zu gefallen, weil es uns an Selbstliebe mangelt und wir mit uns selbst nicht in Frieden sind. So ist der Schlüssel zur inneren Balance und zur Befreiung unseres Seelenpotenzials liebevolle Selbsterkenntnis.

Liebevolle Selbsterkenntnis üben

Wir Menschen sind suchende Wesen, die nach Sicherheit und Perfektion streben. Doch jede Suche, die nach außen gerichtet ist, stellt nur eine scheinbare Sicherheit dar und erfüllt die Seele nicht. Die Seele ist in der Liebe zu Hause, und in der Liebe ist alles gut so, wie es ist. So ist die Seele vollkommen und erfüllt. Selbstliebe bedeutet, sich zu entspannen und anzunehmen, so wie man ist, und nicht perfektionistisch zu sein und zu viel von sich zu erwarten.

Wie schaffen wir es nun, unsere göttliche Quelle zu befreien und ein zufriedenes Leben in Liebe zu führen? Wir brauchen Selbsterkenntnis, Achtsamkeit und Selbstvertrauen.

Selbstvertrauen zu haben, bedeutet nicht, niemals an sich selbst zu zweifeln. Denn wenn wir denken, wir seien über jeden Zweifel erhaben, dann könnten wir uns nicht mehr hinterfragen und uns also nicht mehr entwickeln. Menschen ohne Selbstzweifel müssen immer Recht haben, sie meinen, alles zu wissen und in allem perfekt zu sein. Früher oder später werden sie aber Probleme mit ihren Mitmenschen haben, da sie sich ja über andere stellen.

Zu wirklichem Selbstvertrauen gehören auch Selbstzweifel. Denn wenn uns bewusst ist, dass wir nicht immer Recht haben, dass wir begrenzt sind, besitzen wir eine realistische Selbsteinschätzung.

Meine Erfahrung ist, dass in dem Moment, in dem wir die eigenen Grenzen respektieren, sie beginnen, sich zu weiten. Denn in der Akzeptanz sind wir voller Hingabe, und dies weitet unseren Horizont, sodass sich unser Potenzial erweitern kann. Gutes Selbsteinschätzungsvermögen, ein gutes Gefühl für uns selbst, ein guter Umgang mit den eigenen Gefühlen, gutes Selbstvertrauen, Vertrauen in unsere eigene Intuition, das Wissen um die eigenen Fähigkeiten wie auch das eigene Unvermögen, das macht ein Leben mit großem Potenzial und innerer Selbstermächtigung aus. Dann sind wir flexibel und spontan und voller Mut und Vertrauen in die Schöpfung.

Im Wissen um die eigene Unvollkommenheit versuchen wir nicht mehr, perfekt zu sein, haben keine Angst davor, Fehler zu machen, versuchen nicht, Erwartungen anderer um jeden Preis zu erfüllen, und nehmen damit das Joch der Gesellschaft von unseren Schultern. Wir haben nicht mehr den Wunsch, immer besser sein zu müssen, sondern erstrahlen in innerer Balance und sind die beste Version unseres eigenen Selbst.

Wir sollten täglich an das Wort Selbsterkenntnis denken, damit uns ihre Bedeutung klar wird. Nur wenn wir uns so sehen, wie wir wirklich sind, sind wir auf dem lichtvollen Weg und können ein ausgeglichenes Leben führen. Es ist verständlich, wenn wir vor der tiefen Selbsterkenntnis Angst haben. Wir gehen immer tiefer und tiefer in uns hinein und können nicht sicher sein, was wir dort unten antreffen. Doch nur am Anfang fühlt sich dieser Weg steinig an, weil wir z. B. erkennen müssen, dass wir nicht perfekt sind. Oder weil wir z. B. erkennen müssen, dass so viel Positives in uns steckt. Auch das kann ängstigen. Doch in dem Moment, in dem wir das akzeptieren können, was uns begegnet, in dem wir uns selbst annehmen und lieben, löst sich die Angst auf. Sobald wir anfangen, uns selbst in bedingungsloser Liebe anzuschauen, befinden wir uns in geistiger Verbindung, in unserem wahren starken Selbst. Dieses Bewusstsein brauchen wir, wenn wir uns ein Bild von uns selbst machen, ebenso wenn wir vor einer Herausforderung stehen und gerade dann ein starkes Rückgrat brauchen. In dieser Bewusstheit und Liebe sind wir über die unbewusst gesteuerten Irritationen, Hemmungen und Auseinandersetzungen hinausgewachsen. Wir fühlen uns mit der höheren Führung verbunden und leben unser volles Seelenpotenzial. Die Seele fühlt sich angenommen. jetzt werden wir viel Freude am Leben haben!

Viele Menschen tun sich schwer, Selbsterkenntnis zu erlangen, weil sie zwar kräftig daran arbeiten, indem sie dutzende psychologische, philosophische und spirituelle Bücher lesen, aber auf diese Weise das gesamte Thema nur rational erfassen. Dies führt nicht zur Befreiung. Denn sie sind nicht in die Erkenntnis hineingegangen, sie haben sie nur angelesen, sie haben es für sich nicht gefühlt und damit auch nicht umgesetzt. Erst das Fühlen in der Tiefe und die dazugehörige Umsetzung ermöglichen die heilsamen Veränderungen, eine tatsächliche Befreiung im Alltag.

Sicherlich kennst du die folgende Situation: Eine Freundin kommt seit vielen Jahren immer wieder mit dem gleichen Problem zu dir, z. B. mit ihrem Männerproblem. Seit Jahren dreht sie sich im Kreis und seit vielen Jahren weint sie wegen des gleichen Themas. Du versuchst ebenso lang, sie zu unterstützen, ihr zuzuhören und Ratschläge zu geben. Leider stellst du dabei fest, dass sich nichts ändert und du mit deinen Bemühungen das Jammertal nur unterstützt. Die Freundin sagt auf deine Ratschläge stets: »Ja, ich verstehe, aber ...« und dreht sich weiterhin im Kreis. Dieses »Aber« zeigt, dass das Gegenüber Angst vor der Selbsterkenntnis, vor der notwendigen Veränderung hat. Denn einen Rat anzunehmen, würde auch bedeuten, Eigenverantwortung übernehmen zu müssen. Hinter dieser Furcht vor Veränderung steckt wiederum mangelndes Selbstvertrauen.

Wir können Selbstvertrauen, Selbstliebe, Eigenverantwortung und somit jegliche liebevollen Werte bei anderen nicht erzwingen, sondern sie ausschließlich selbst vorleben. Man kann niemanden zu seinem Glück drängen, denn es erfordert innere Bereitschaft zu reifen und seinem Seelenweg zu folgen. So kann man auch die Spiritualität nicht lehren, man kann sie nur vorleben, als ein Glück in sich ausstrahlen.

Wenn wir einem Menschen einen liebevollen Impuls geben und er uns mit einem »Aber« antwortet, sollten wir verstehen, dass er gar keinen Rat von uns will, er will nur seine Meinung kundtun und bemitleidet werden. Ein Mensch, der sich nur um sich selbst dreht, Recht haben will und damit in seinem Mangel bestätigt werden möchte, hat Angst vor jeglicher Form der Selbsterkenntnis und Veränderung.

Wenn wir das verstehen und dem Gejammer keine Aufmerksamkeit mehr widmen, sondern das Gesprächsthema ändern, so unterbrechen wir den Kreis des Jammerns. Sobald wir diesem Menschen durch unsere emotionale Distanz keine Bestätigung mehr geben, kann er sich auch nicht mehr an uns klammern. Denn diese Bestätigung ist bis dahin für ihn auch eine Form von »Liebe« und »Anerkennung«, die er sich bei uns als »Mutterersatz« oder »Vaterersatz« abholt. Es ist die vermeintliche Aufmerksamkeit, die er durch das Jammern und seine Opferhaltung bekommt, und die er in seiner Kindheit nicht erhalten hat; jetzt versucht er, seinen Hunger danach durch dieses Opfermuster auszugleichen. Sobald wir uns am Jammern nicht mehr beteiligen und ihn nicht bemitleiden, sondern in Mitgefühl verstehen und akzeptieren, kann etwas Erstaunliches passieren: Nach vielen Jahren, in denen wir dachten, wir seien so wichtig für diesen Freund oder diese Freundin, wird dieser Mensch ganz schnell eine/n andere/n »beste/n Freund/in« finden, um sich ja nicht weiterentwickeln zu müssen. Was sollten wir in diesem Fall tun? Wir sollten diesen Menschen im Segen loslassen, ihm alles Gute wünschen, vielleicht aufkommende Trauer über die verlorene Freundschaft durchleben, aber uns auch darüber freuen, dass ein solches Jammertal nicht mehr in unser Leben hineingehört, weil wir es nicht brauchen. Danach entsteht Raum für neue, kraftvolle und liebevolle Freundschaften. So kann sich mit unserem Reifeprozess auch der Freundeskreis wandeln.

Wie du blockierende Muster heilen kannst

Höre auf dein Herz und lass liebevolle Erkenntnisse und tiefgreifende Einsichten deines Herzens über dein Leben zu. Achte auf himmlische Zeichen. Vielleicht fallen dir bestimmte Bücher in die Hände, die bestätigen, was du intuitiv bereits gefühlt hast und nun in Worte fassen kannst. Achte darauf, ob Menschen in deinem Leben auftauchen und dir genau die richtigen Impulse bringen, auf die deine Seele gewartet hat. Denn Seelenwachstum findet immer zur richtigen Zeit statt.

Sobald wir akzeptieren, dass ein Verhalten Probleme in sich birgt und uns nicht weiterbringt, sind wir auch in der Lage, es zu verändern. Denn ein liebevolles und lösungsorientiertes Verhalten entspricht unserer Seelenkraft. So sollten wir stets bewusst und rechtzeitig merken, wann wir uns zu Problemen hinbewegen, z. B. uns in Streitigkeiten verwickeln lassen. Wir sollten uns dann daran erinnern, dass wir eigentlich wissen, dass Streit uns noch nie zu einer Lösung geführt hat. Dann bleiben wir unserer Seele treu und können einen weiteren Schritt auf unserem Seelenweg gehen und alles einer lichtvollen Änderung zuführen. Je bewusster wir damit umgehen, umso harmonischer verläuft unser Leben.

Denn die Erkenntnis, dass die Richtung, der Verlauf und die Qualität eines Gesprächs auch von uns selbst abhängt, leitet uns aus der Ohnmacht in die positive Macht, in die Entscheidungsstärke und eine starke Intuition. Das hat auf alle Ereignisse und Situationen einen positiven Einfluss. Dieser Prozess der Selbsterkenntnis und des Selbstvertrauens sollte natürlich mit jeder Lebenserfahrung immer tiefer gehen.

Oftmals sind wir verunsichert und kennen nicht den Weg von der intellektuellen Erkenntnis hin zur emotionalen Selbsterkenntnis und damit zur tatsächlichen Umsetzung im Alltag. Manch einer versteckt sich hinter Ignoranz, die sich oft als Sarkasmus und Desinteresse äußert. Dahinter steckt, wie schon gesagt, die unbewusste Angst vor Veränderung. Viele Menschen nehmen, ebenfalls unbewusst, ihre Blockaden mit ins Jenseits und wiederholen ihre seelischen Wachstumsschritte dann im nächsten Leben oder in unzähligen weiteren Inkarnationen, anstatt bereits in dieser Inkarnation ihre innere Haltung licht- und liebevoll zu korrigieren, was als Lohn ein befreites Leben zur Folge hätte. Denn genau dies entspräche einem seelischen inneren Wachstum und entspricht dem Lebenssinn, sich hin zur Liebe zu entwickeln.

Wir sollten uns weniger von äußeren Dingen ablenken lassen und den Menschen und Geschehnissen mehr Raum geben. Wir sollten auch unseren Kindern und Mitmenschen mehr Freiheiten zugestehen und ihre Einzigartigkeit erkennen, uns nicht von unnötigen Pflichten einschränken lassen und nicht zu häufig in die virtuelle Welt von Fernsehen, Handys und Laptops abschweifen. Wir sollten unseren Blick mehr auf uns richten, mehr nach innen schauen und die Beziehung zu uns selbst pflegen sowie unser Seelenempfinden kultivieren.

Es gilt, den freien Willen jedes Einzelnen zu akzeptieren, und wenn jemand unwissend ist, ihn unaufdringlich mit einem passenden Hinweis zu inspirieren. Doch wenn sich jemand solchen Versuchen gegenüber verschließt, dann sollten wir auch erkennen, dass Selbsterkenntnis, Selbstliebe und Eigenverantwortung in dieser Inkarnation einfach nicht sein Bedürfnis ist. Dann heißt es, dies zu verstehen, zu akzeptieren und eigene Erwartungen loszulassen. Wir sollten dabei niemals dem Trugschluss verfallen, dass es einem Menschen, der anders denkt, dabei schlechter geht. Es geht ihm nicht wirklich schlechter, sondern nur anders.

Dies zu verstehen und zu verinnerlichen lässt uns auch den Unterschied zwischen Mitleid und Mitgefühl begreifen. Im Mitleid bewerten wir: »Oh, du Armer, du weißt gar nicht, wie schädlich dein Alkoholkonsum ist!« Und er denkt sich dabei: »Ich feiere das Leben, dafür ist es da!« So sollten wir niemanden bewerten oder belehren, sondern jedem seinen Seelenweg zutrauen. Wir sollten unser Schicksal selbst gestalten und es die anderen auch selbst gestalten lassen und erkennen, dass jeder seine Prioritäten anders setzt und jeder für sein Leben selbst verantwortlich ist.

In Liebe geschehen zu lassen und zu verstehen, dass wir niemanden verändern können, sondern nur unterstützen, wenn er unsere Unterstützung möchte, macht uns frei. Dann verstehen wir, dass ein Mensch, dem wir meinen, auf seinem Seelenweg helfen zu müssen, unseren Impulsen nicht folgen muss, denn er schuldet uns keine Anerkennung oder Dank. Indem wir erkennen, dass keiner uns etwas schuldet, wir also keine Ansprüche an die anderen haben, nicht an unsere Kinder, nicht an unsere Mitmenschen, werden wir uns frei und glücklich fühlen. Denn dann gibt es keine Enttäuschungen, sondern Achtsamkeit, Verständnis und Klarheit. Diese Haltung führt im Alltag zu klaren Absprachen, klaren Entscheidungen und vermeidet Missverständnisse.

Das, was uns im Leben zunächst am schwersten zu fallen scheint, stellen die vorgenommenen Lebensaufgaben im Seelenplan dar. Meistern wir sie und stellen wir uns diesen, so leben wir aus dem Herzen, sind frei und sind in unserem lichtvollen Seelenplan. Dann leben wir unser befreites Potenzial.

Für viele Personen könnte das Leben viel licht- und sinnvoller verlaufen, wenn sie sich zunächst auf der intellektuellen Ebene öffnen würden, das Erleben könnte dann in einem späteren Schritt erfolgen. Erkennen und Loslassen führt zu einem höchst befreienden und positiven Erlebnis.

Ein Beispiel: Eine 55-jährige Frau, die ich flüchtig kenne, hat drei Kinder, die sie übermäßig behütet und nicht loslässt. Die Kinder stehen fest auf eigenen Beinen und haben stabile Partnerschaften, sind teilweise selbst schon Eltern. Trotzdem kann diese Mutter sie nicht loslassen und schwingt emotional mit jedem ihrer Kinder mit. Mit dem Auszug des letzten Kindes fiel die Frau in eine schwere Depression. Sie hat das Gefühl, keine Lebensaufgabe mehr zu haben. Ihr Mann unterstützt sie, doch auch er ist traurig über ihren Zustand und die dadurch entstandenen Probleme in ihrer Ehe.

Dabei könnte sie glücklich sein, denn alle ihre Kinder sind selbständig und gut sozialisiert; offenbar hat sie alles gemacht. Wenn ein erwachsenes Kind die Eltern nicht mehr braucht, ist das etwas Positives. Man sollte sich über jede zunehmende Eigenständigkeit eines Kindes freuen, denn umso mehr stärkt sich die Persönlichkeit des Kindes und umso mehr haben die Eltern wieder Zeit für sich.

Die Frau hat wahrscheinlich mit dem Auszug des letzten Kindes Depressionen entwickelt, weil sie plötzlich auf sich selbst zurückgeworfen war. Offenbar hat sie ihren Lebenssinn darin gesehen, die Kinder zu erziehen, und jetzt, wo niemand mehr da war, den sie erziehen konnte, ist sie in das Gefühl der Wertlosigkeit gefallen. Wenn sie ihre Lebensphilosophie früher hinterfragt hätte, so hätte sie festgestellt, dass sie auch unabhängig von ihren Erziehungsaufgaben einen Wert hat. Sie hätte sehen können, was für andere Fähigkeiten und Talente sie noch hat und hätte diese leben können. Die Aufgabe der Frau wird es sein, dass sie nachholt, was sie bisher versäumt hat. Zu erkennen, dass sie ein wunderbarer, lichtvoller Mensch ist, der es verdient hat, in Glück und Liebe zu leben. Wie kann ihr dieser Perspektivenwechsel gelingen?

Dieses Buch handelt darüber, dass wir auf unsere Seele hören sollten. Die Antworten auf unsere Fragen finden wir, wenn wir in uns hineinhorchen und uns öffnen für die himmlischen Zeichen. Wenn es der Frau gelingt, auf ihr Herz zu hören, wird sie wissen, wie sie ihren lichtvollen Weg findet.

Blockierende Gefühle, die ein krankmachendes Gedankengut fördern, sollten wir der Heilung zuführen. Loszulassen fällt uns schwer, das ist zutiefst menschlich. Denn dahinter verbergen sich Verletzungen aus der Vergangenheit, aus der Kindheit und aus früheren Leben, die wie eine angezogene Handbremse im eigenen Leben wirken. So wollen wir beispielsweise im Leben durchstarten, uns etwas aufbauen oder uns auf eine Beziehung einlassen, aber gleichzeitig ist unterschwellig eine Angst in uns, im Unterbewussten, die uns lähmt und ständig einen Mangel vorgaukelt. So kreisen unsere Gedanken dann um alles, was schiefgehen könnte. Diese Gedanken beeinflussen unsere Entscheidungen. Doch das merken wir nicht, weil wir uns mehr auf das Außen fokussieren als auf uns selbst. Befreien wir diese innere blockierende Haltung, so befreien wir unser Leben.

Mit der Übung zur Heilung des Unterbewusstseins können wir unser Selbstvertrauen sowie unser Vertrauen in die Schöpfung befreien und stärken. Dabei sollten wir in uns hineinfühlen und uns deutlich machen, welche Eigenschaften, Emotionen oder Handlungen uns am schwersten fallen und sich in unserem Leben wiederholen. Es kann uns z. B. schwerfallen, uns durchzusetzen, ohne respektlos gegenüber dem anderen zu sein. Vielleicht gibt es auch einen Wunsch, den wir schon lange tief in uns tragen, aber es gelingt uns nicht, ihn zu verwirklichen. Oder es steht ein Termin an, der uns in Panik versetzt. Wenn wir in einer Situation nicht in absolutem Gleichmut, Vertrauen und mit Liebe reagieren können, steckt immer unbewusste Angst dahinter.

Wie schon gesagt geht es nicht darum, die Angst gänzlich zu verlieren, sondern sie positiv zu nutzen als Stärkung der Intuition, als Stärkung der Achtsamkeit, als Stärkung der Menschenkenntnis, der Selbstwahrnehmung, der besseren Einschätzung einer Situation. So sollten wir das Gefühl, das sich wie eine Bremse in unserem Leben auswirkt, exakt definieren. Verinnerliche die Übung zur Heilung des Unterbewusstseins (siehe rechts), denn es kann sich lohnen, diese immer wieder zu praktizieren. Gerade am Anfang der Bewusstseinsentfaltung solltest du diese Übung sehr häufig praktizieren, denn dadurch wird das Leben immer mehr in Fluss kommen, und dann brauchst du diese Übung immer seltener. Doch wir sollten sie trotzdem weiternutzen, denn das Leben ist ein Entwicklungsprozess. Ängste werden immer wieder hochkommen, weil wir stets mit Herausforderungen konfrontiert werden. Das ist normal. Doch die Ängste werden kleiner und kleiner, dominieren uns nicht mehr, weil die Liebe in uns immer größer wird, und wir können dann über den Dingen stehen. Das ist ein heilsamer und lösungsorientierter Weg zum Persönlichkeitswachstum.

Bei dieser Übung können Erinnerungen auftreten, die uns zur Selbsterkenntnis führen können. Doch es können auch einfach Fantasiebilder kommen, die uns helfen, Emotionen zu verarbeiten. Dann will das Unterbewusstsein nicht zu sehr in die Tiefe gehen. In diesem Fall sollten wir diese Fantasiebilder nicht zu sehr in den Vordergrund stellen, sondern sie z.B. in schöne, friedvolle Farben verwandeln. Manchmal passiert es, dass gar kein Bild auftaucht und wir uns wie vor einer dunklen Wand fühlen. Das ist ein Zeichen dafür, dass das Unterbewusstsein sich verschließt, denn es geht unserer Psyche alles zu schnell. Trotzdem können diese Erfahrungen etwas Heilsames bringen. Für diese Übung braucht es keine meditative Tiefe, es ist sogar eher förderlich, dass man sehr wach und präsent bleibt.

Übung »Ich heile mein Unterbewusstsein«

> Mache es dir bequem, entspanne deine Füße und versuche ganz bewusst zu lächeln. Sei ganz im Hier und Jetzt, ganz bei dir selbst. Spüre deine Sitzhöcker und richte dich von innen heraus auf.

> Entspanne deinen Körper immer mehr und schicke ein Lächeln in deinen Rücken, in deine Wirbelsäule hinein, sodass sich deine Rückenmuskulatur entspannt. Werde dabei innerlich friedvoll und aufgerichtet. Dein Nacken ist locker, dein Scheitelchakra ist zum Himmel hin aufgerichtet und deine Schultern und Hände sind schön entspannt.

> Lächle deine Kiefermuskulatur an, entspanne sie und erlaube dir, dich einfach wahrzunehmen: Wie geht es dir? Wie fühlst du dich? Wie atmest du? Nimm wahr, wie du durch die Nase entspannt einatmest und dein Brustkorb sich mit Luft füllt, sich anhebt und sich beim Ausatmen alles leichter, freier anfühlt.

> Nimm voller Gelassenheit wahr, wie tief dein Atem fließt, vielleicht schon in Richtung Magengegend, Zwerchfellraum und Bauch. Nimm wahr, wie beim tiefen Einatmen die Bauchdecke sich sanft nach außen wölbt und beim Ausatmen sich leicht zurückzieht.

> Immer mehr zentrierst du dich in dir.

> Langsam kehrt Ruhe in dir ein. Du kannst alle Gedanken, die auftauchen, einfach anlächeln und deinen Atem beobachten. Du atmest tief ein und aus und bist in dir präsent.

> So nimm liebevoll deinen Herzschlag im Brustraum wahr. Dein Herzschlag fühlt sich lebendig und warm an.

> Achte in diesem Moment der tiefen Entspannung darauf, dass du weder träge noch müde wirst. Denn dann lässt das Unterbewusstsein keine heilende Wandlung zu.

> Beruhige bei solchen Reaktionen dein Unterbewusstsein, indem du Liebe zu dir in deinem Herzen empfindest, die sich wie ein goldener Sonnenstrahl in deinem Brustraum anfühlt und dich präsent und voller Klarheit atmen lässt.

> Das tiefe Gefühl der Liebe in dir verleiht dir Kraft, inneren Halt und gibt Klarheit. So fühlt sich geistige Anbindung an.

> Nun lege deine Hände auf deinen Herzensraum und nimm Kontakt mit deiner Seele auf. Frage in dein Herz hinein: »In welchen Situationen fühle ich mich nicht wertvoll und stark?«

> Vielleicht fällt dir dabei eine Situation ein, die dir bevorsteht.

> Wenn nichts hochkommt, so frage dich: »Welches Gefühl oder welche Situation begegnet mir immer wieder im Leben und hemmt meinen Fluss?«

> Gönne dir einige Atemzüge Zeit.

> Sollte dieses Gefühl dich überfordern, dann lächle es an und setze deine tiefe Atmung fort.

> Definiere bewusst das Gefühl, für das du diese Übung machst. Oftmals ist es eine Angst, nicht zu gefallen, vielleicht ist es eine schnell aufkeimende Wut, vielleicht ist es aber auch etwas ganz anderes.

> Nimm deine Hände in betender Haltung vor dem Brustraum zusammen und bitte um himmlische Führung:

»Liebe lichtvolle geistige Welt, ich bitte um himmlischen Segen für diese Übung. Bitte zeige mir das, was sinn- und

lichtvoll für meine Entwicklung ist. Mein lieber Schutz-
engel, bitte hilf mir, dass sich alles hin zum Heilsamen
wandelt.«

> Spüre, wie das Gebet dein emotionales Herz öffnet. Lass Liebe
> und Sicherheit sich in dir ausbreiten.
> Lege deine Hände wieder auf deinen Brustraum und stelle an
> die belastende Emotion die Frage: »Wann bist du zum ersten
> Mal in meinem Leben aufgetaucht?«
> Atme tief durch und lass dich auf deine heilsame Transforma-
> tion ein.
> Vielleicht taucht vor deinem inneren Auge eine Erinnerung
> aus der Kindheit auf. Vielleicht erscheint aber auch ein Bild,
> das dir überhaupt nicht bekannt vorkommt.
> Beobachte einfach: In welchen Farben leuchtet diese Erinne-
> rung, die du siehst? In welchen Farben leuchten die Menschen,
> die in dieser Erinnerung agieren? Wie siehst du in dieser Erin-
> nerung aus und wo stehst du in dieser Szene?
> So verstehe, woher dieses Gefühl kommt, das dich im Leben
> blockiert und sich wie ein roter Faden durch dein Leben zieht.
> Verstehe nun, dass du damals als Kind diesem Geschehen
> hilflos ausgeliefert warst, doch heute kannst du für dich selbst
> gut sorgen. Erkenne also, dass es vorbei ist und sich nicht
> mehr in der gleichen Form wiederholen kann.
> Sage nun zu deinem Unterbewusstsein, zu deinem inneren
> Kind: »Damals war es schlimm. Doch heute wird es mir nie
> wieder passieren. Heute kann ich für mich selbst gut sorgen.
> Ich bin erwachsen.«

> Nun sage zu deinem Unterbewusstsein: »Göttliches Licht leuch-
tet stets auf mich.« Beobachte, wie es in dir zu leuchten beginnt.
> Sieh in deinem inneren Bild deinen Schutzengel. Er umarmt
dich und hüllt dich mit seiner Liebe ein.
> Bitte jetzt deinen Schutzengel um Unterstützung:

*»Mein lieber Schutzengel, lass uns diese Erinnerung in den
schönsten und buntesten Farben ausmalen.«*

> Nun nutze deinen inneren Künstler, deine Kreativität, deine
göttliche Natur: Schaue, was dir im Bild nicht gefällt, und
ändere es, bis es dir gefällt.
> Stell dir vor, du nimmst einen Pinsel und malst das Bild und die
Wände darin bunt an. Lass ganz übertrieben z. B. bunte Blumen
an den Wänden wachsen.
> Lass deiner Kreativität freien Lauf und gib allem einen kräftig
kitschigen Ausdruck. Verwandle die Decke z. B. in einen blauen
Himmel mit bunten Vögeln und Schmetterlingen und male den
Boden so an, wie er dir Erdung und Sicherheit gibt, z. B. eine
schöne Blumenwiese, auf der du stehst, oder etwas anderes
Fröhliches. Setze deiner Kreativität keine Grenzen.
> Schaue dich im Raum deines Bildes wieder um und male auch
die dazugehörigen Menschen in schönsten und lustigsten Farben. Vielleicht möchte der Künstler in dir diese Menschen in
schöne Berge, Bäume oder Tiere verwandeln.
> So erlebe deine Schöpferkraft, deine heilende Natur und öffne
dein Herz für die Kraft der Vergebung.
> Nimm deine Hände erneut in betender Haltung vor dem Brust-
raum zusammen für ein Vergebungsgebet und sprich innerlich:

*»Ich vergebe dir für das, was du getan hast, bewusst und
unbewusst.*
*Ich bitte dich, mir zu vergeben, für das, was ich getan habe,
bewusst und unbewusst.*
*Ich bitte alle Menschen, dir zu vergeben, für das, was du getan
hast, bewusst und unbewusst.*
*Ich bitte dich, allen Menschen zu vergeben, für das, was sie
getan haben, bewusst und unbewusst.*
*Ich vergebe allen Menschen, für das, was sie getan haben,
bewusst und unbewusst.*
*Ich bitte alle Menschen, mir zu vergeben, für das, was ich
getan habe, bewusst und unbewusst.*
*Ich bitte die göttliche Kraft darum, die Kraft der Vergebung
in unserem Herzen zu spüren.*
*Ich vergebe mir selbst, für das, was ich getan habe, bewusst
und unbewusst.«*

> Sieh in dein inneres Bild hinein. Ist es in dir hell und sanft ge-
  worden? So mögest du tiefes Mitgefühl und bedingungslose
  Liebe für dich empfinden.
> So möge ganz viel Sanftheit und Güte in deinem Herzen spür-
  bar sein, so mögest du von ganzem Herzen lächeln.
> Du erkennst nun deinen Weg zu deinem göttlichen Licht, durch
  alle Gefühle hindurch, zu deiner göttlichen Seele, denn sie ist
  unverletzbar und rein, weise, wissend und stark.
> Lege deine Hände auf deinen Herzensraum, sei dir ganz nah
  und spüre Liebe in dir und zu dir, umarme dich innerlich und
  sprich: »Ich liebe mich.«

> Je mehr du verstehst, woher deine Emotionen kommen und Blockierendes transformierst, umso mehr bist du frei und in deiner Selbsterkenntnis verankert.
> Je mehr wir im Herzen erkennen, dass alte schmerzhafte Emotionen heute keine Rolle mehr spielen, umso eher können sie geheilt werden. So kannst du die Realität erkennen und genießen.
> Du bist liebevoll und liebenswert.
> Möge ganz viel Wärme in deinem Herzen spürbar sein, als ob die Sonne aufgeht. Spüre eine tiefe, ehrliche und treue Beziehung zu dir selbst, auf dass du »Ich liebe mich« aus tiefem Empfinden heraus sagen kannst.
> Langsam verblasst durch die bunten Farben die alte Erinnerung und verliert an Dominanz. Die Selbsterkenntnis hat dich reifer und freier gemacht.
> Wenn du dich jetzt noch einmal an das ursprüngliche blockierende Gefühl erinnerst und überprüfst, wie es sich am Ende der Übung anfühlt, wirst du feststellen können, dass es etwas an Bedeutung verloren hat. So wird die Angst immer weniger und die Liebe größer.
> Nun schließe die Übung ab, indem du mehrmals in tief empfundener Liebe zu dir durchatmest.
> Gönne dir nach dieser Übung Ruhe und Erholung und lass dir so viel Zeit wie du brauchst, um in den Alltag zurückzukommen.

Wir werden in unserer Erziehung geprägt und übernehmen fördernde wie auch blockierende Denkmuster. Erinnere dich an das Beispiel der Frau, der es so schwerfiel, ihre Kinder in die Freiheit zu entlassen. Vielleicht hat sie das von ihrer eigenen Mutter abgeschaut, vielleicht konnte diese sie nicht loslassen, weil sie Schreckliches im Krieg erlebt und diesen Schock nicht verarbeitet hatte und nun versuchte, ihrer Tochter Schutz durch zu viel Klammern zu geben. Durch diese Erkenntnis und das Verständnis für die eigene Mutter hätte die Frau Abstand zur Realität ihrer Mutter finden und ihre eigene Individualität erkennen können. So hätte sie ihre individuelle Seele schon viel früher spüren und ihre ganz eigene Haltung einnehmen können. Mit größerem Vertrauen in sich selbst hätte sie wohl weniger geklammert.

Eine solche Erkenntnis und Selbstannahme führt zu innerem Frieden, zu Freiheit, Lebensfreude und somit auch zur größeren Durchlichtung in den Zellen, sodass sich Blockaden lösen können, die einen negativen Einfluss auf die Gesundheit haben. Je mehr die körperliche Durchlichtung angeregt wird, umso mehr fördert dies das hormonelle Gleichgewicht und das Immunsystem, und der Seelenweg im Diesseits geht in einem gesunden Körper voran. Diese Vorgehensweise entspricht einem wichtigen Aspekt des geistigen Heilens.

Unser Leben besteht aus der Fülle an Resonanz. Es liegt an uns, ob wir aufgrund der unbewussten Resonanz leiden oder ob wir durch die Bewusstheit das Leben gestalten und unserem liebevollen Seelenweg folgen. Diese Wunder können stets nur in uns selbst durch unsere Bewusstheit geschehen. Deshalb brauchen wir diese liebevollen, spirituellen, psychischen und philosophischen Fertigkeiten, tiefes Wissen und Weisheit, um unsere göttliche Natur zu leben.

Es gibt die Weisheit, dass die Liebe nicht urteilt, sondern einfach Liebe ist. Je früher man das versteht, umso heilsamer wird die Beziehung zu unseren Kindern sein, umso besser werden die Kinder sich entwickeln, umso heilsamer wird die Beziehung zu unseren Partnern sein.

Ein Vater erzählte mir, dass er mit seinen Kindern nie wieder eine Auseinandersetzung gehabt hatte, nachdem er eine Sache verstanden hatte. Seine Erkenntnis war, dass ganz gleich, was seine Kinder tun, sie ihr eigenes Leben haben, ihren eigenen Blickwinkel, ihren eigenen Seelenweg. Ganz gleich, wofür sich seine Kinder entscheiden, heißt er es zunächst gut und danach könne er immer noch nachdenken. Er gab ein Beispiel: Sein Sohn habe mit seiner Frau eine neue Couchgarnitur gekauft, obwohl sie sich das eigentlich nicht leisten können. Er habe bemerkt, dass er das entsprechend kommentieren wollte, doch er atmete erst durch. Dann habe er die Freude seines Sohnes über die Couch wahrgenommen und konnte sich nun mit ihm freuen, statt ihn zu bewerten und zu kritisieren. Jedes Kind will Liebe und Anerkennung, auch im erwachsenen Alter. Wir sollten uns darüber klar werden, dass auch wir keine Bevormundung durch andere wünschen.

In dem Moment, in dem es zäh wird in deinem Leben, empfehle ich dir, erst einmal dich selbst anzuschauen und dich zu fragen: »Wie fühle ich mich?« Ich empfehle, anstatt aus der Situation einen Konflikt zu machen, die Übung zur Heilung des Unterbewusstseins zu machen und deine Gefühle zu hinterfragen: »Woher kommt es eigentlich? Warum gehe ich damit in Resonanz? Brauche ich das überhaupt, um mich zu beschützen?« Denn oftmals machen uns weniger die tatsächlichen Umstände Schwierigkeiten, sondern unsere bewertenden Gedanken darüber. Selbsterkenntnis heißt, zu erkennen, dass wir diese Blockade, diese angezogene Handbremse überhaupt nicht brauchen. Wir können sie loslassen und unserem Herzen folgen, die Tür öffnen und das Leben wagen. Dann kommt das Leben wahrlich in Fluss.

Um sich der Macht seines Unterbewusstseins bewusst zu werden und seinen liebevollen Seelenweg zu spüren, ist es wichtig, regelmäßig Ruhephasen im Alltag zu finden. So ist es durchaus sinnvoll, jeden Tag schweigend zu beginnen und etwas Zeit mit sich selbst zu verbringen, bevor man seinen Aufgaben nachgeht. Oftmals vermeiden die Menschen diese Ruhe, weil sie sie nicht ertragen können. So richten sie ihre Energie nach außen und beginnen ihren Tag mit dem Lesen der Tageszeitung, worin sich Schreckensmeldungen bündeln, was sich nur negativ auf den neuen Tag auswirken kann, anstatt ihren Blick auf die wesentliche Kraft in ihrem Inneren zu richten. Die meisten Menschen beschäftigen sich mit allem möglichen, nur nicht mit sich selbst. Selbst wenn wir uns nur 20 Minuten nehmen, um einfach für uns selbst da zu sein, unseren eigenen Atem zu spüren und aus dem Fenster schauen, wäre viel für unseren Seelenweg und unsere natürliche Intuition getan. Diese Hingabe an den Moment, an die tatsächliche Realität ist heilsam, transformierend und kraftgebend. Hierbei nehmen wir einen entscheidenden positiven Einfluss auf ein lichtvolles Tagesgeschehen. Dies ist tatsächliches

Loslassen und Freisein. Dann sind wir einem gesunden Lebensstil näher, weil wir unserem Herzen näher sind. Das ist auch ein natürlicher Prozess, ein natürliches und authentisches Leben. Durch die Heilung des Unterbewusstseins können sich entscheidende Blockaden lösen, und wir werden in die Lage versetzt, unseren lichtvollen Seelenplan erfüllen zu können. Je bewusster wir uns werden, umso friedvoller und harmonischer führen wir unser Leben. Dies wirkt sich auch auf unsere Kommunikationsfähigkeit aus. Anstelle einer schuldzuweisenden Sprache (»Du hast nie für mich Zeit!«), nutzen wir die gewaltfreie Kommunikation (»Ich wünsche mir mehr Zeit miteinander. Wollen wir uns bald wieder treffen?«). Bei der schuldbehafteten Sprache wird sich unser Gegenüber automatisch verschließen und die Beziehung ist blockiert. Bei einer friedvollen Sprache bleibt unser Gegenüber offen, weil er frei entscheiden kann, ob er unserem Wunsch folgen will. Je mehr wir in uns ruhen, friedvoll und aufmerksam sind, umso mehr unterstützen wir liebevoll auch die Atmosphäre in unserer häuslichen Gemeinschaft und in der Arbeit, umso mehr sind wir eine liebevolle Autorität voller Selbstvertrauen und Selbsterkenntnis. Dann können wir in allen Diskussionen und Entscheidungen unsere Herzenssprache mit einbringen. Wir erkennen nun allzu gut autoritäres Verhalten, wo sich das Recht des Stärkeren durchsetzt und das Seelenhören unterdrückt wird. Antiautorität ist uns auch bekannt, doch dies ist eine Haltung ohne Rückgrat und ohne Verantwortungsbewusstsein. Wir sind fast alle noch in dieses alte patriarchalische Zeitalter der Einseitigkeit hineingeboren. Jetzt befreien wir uns durch erwachendes Bewusstsein und werden zu eigenen liebevollen Autoritäten, indem wir lernen, dass jeder eine Wahrheit in sich trägt und dass die Wahrheit in allem vorhanden ist und nicht in Dogmen. Im Volksmund sagen wir: »Die Wahrheit liegt in der Mitte.« So sollten wir lernen, unsere Gefühle wahrzunehmen und zu hinterfragen, und wenn sie uns nicht guttun, sie zu transformieren, zu verstehen, zu vergeben und letztendlich in die Selbstliebe einzutauchen, uns zu erholen, unsere göttliche Natur, unsere wahre himmlische Heimat zu finden.

Wir können bereits am Morgen mit einer Meditation unser Unterbewusstsein mit Liebe erfüllen und uns auf einen lichtvollen und erfolgreichen Tag einschwingen. Du kannst die Meditation nach deinen Wünschen und Bedürfnissen gestalten oder aber die folgende verwenden:

Morgenmeditation »Stärkung der Seele«

> Entspanne deinen Körper nach und nach von unten nach oben. Lächle aus dem Herzen heraus das Leben an und spüre Entspannung im Kiefer und Kühle auf der Stirn.
> Atme tief ein und aus und lass Ruhe in dein Herz.
> Lass dich auf das liebevolle und wärmende Empfinden in deinem Herzen ein und spüre so immer mehr deine göttliche Seele.
> Jeder tiefe Atemzug erfüllt dich mit Leichtigkeit, schärft deine Achtsamkeit für den gegenwärtigen Moment und stärkt deine geistige Anbindung.

> Lege deine Hände auf deinen Herzensraum, stelle dir ein wunderschönes Blumenmeer vor, genieße die Farben und den Duft der Blumen und spüre ganz viel Liebe in dir.

> Lass dir etwas Zeit für die liebevolle Beziehung zu dir selbst, denn aus dieser Beziehung heraus entwickeln sich alle anderen Beziehungen heilsam.

> Spüre den Klang deines Herzens unter deinen liebevollen Händen und sage lächelnd dreimal nacheinander langsam zu deinem Unterbewusstsein, indem du dich an deine lichtvolle Seele erinnerst: »Ich bin Liebe, ich bin Licht, Frieden erfüllt mich«.

> Schicke Liebe, Licht und Frieden in alles hinein, was dich heute beschäftigen könnte, indem du alles anlächelst. Lächle auch all deine Vorhaben des Tages voller Liebe an. So erwachen höheres Bewusstsein und innere Kreativität und ein wunderbares Wohlbefinden erhöht die Lebensqualität.

> Gönne dir einige Atemzüge Zeit, bis du das Bedürfnis hast, in das Morgengeschehen zurückzukehren, und bereit für den neuen Tag bist.

Das Geheimnis deiner Seele

Die Natur beschert uns magische Momente;
schenkt Frieden und Heilung. Lass dich von der Natur
inspirieren und spüre die Liebe in dir. Ein Aufenthalt
in der Natur sowie das Lächeln anderer Menschen stärken
unsere Befindlichkeit. Die Liebe ist nämlich überall,
wo du bist, weil du in deiner göttlichen Seele Liebe bist.
Es ist wichtig, diesen liebevollen Blick in allem zu
bewahren, denn das erfüllt dich mit Sinnhaftigkeit,
mit Freude und schenkt große Kraft.

Es ist so wichtig, dass wir über unsere verborgenen Seelenstärken Bescheid wissen, um unsere göttliche Natur zum Leuchten zu bringen. Denn je mehr wir über uns wissen, umso mehr können wir unsere eigene Welt im Inneren wie auch unsere Welt im Außen zu einem friedvollen, schöneren, kraftvolleren Ort machen. Auf jeden Einzelnen kommt es in dieser Welt an, auf das Glück, auf die Ausstrahlung, auf die Liebe und Dankbarkeit.

Bei der Qualität unserer Seele geht es darum, ein tiefes Empfinden der Liebe in sich zu erfahren, sich in dieser Qualität, in dieser Bewusstheit zu verankern und auch mitten im Alltag diese Empfindungen in sich zu tragen und sich in einem Wohlbefinden zu spüren.

Um unsere Seelenkräfte wahrnehmen zu können, bedarf es einer Innenschau, einer meditativen Innenkehr. Wir gelangen immer mehr zur emotionalen Intelligenz und in die Grundschwingung unserer göttlichen Seele, je weniger wir nach außen gerichtet denken, z. B.: »Was soll ich machen?«, »Was wird geschehen?« Vielmehr sollten wir nach innen gerichtet denken: »Wie möchte ich mich fühlen?«, »Wie geht es mir?«, »Wie möchte ich mich entfalten und erfahren?« Wir neigen dazu, auch bei unseren Erwartungen auf das Außen zu schauen. Wir erwarten z. B. Liebe und Anerkennung von außen. Das ist durchaus ein menschliches Bedürfnis, wir brauchen die Liebe und Anerkennung von anderen, aber das ist sekundär.

Viel wichtiger ist, dass wir uns selbst lieben und anerkennen. Dann sind wir freier und authentischer auch im Erleben der äußeren Begebenheiten. Es geht also in erster Linie darum, dass wir begreifen, dass wir göttliche Seelen sind, wir sind alle mit demselben Himmel verbunden, und das Göttliche, das höhere Bewusstsein der Liebe ist unsere Heimat. Unser Umfeld dient uns als Resonanzfeld, in dem wir uns erfahren und bewegen können. Die damit verbundenen Lebenserfahrungen dienen nur dem höheren Zweck, noch mehr liebevolle Tugenden und Eigenschaften in uns zu entwickeln, eine noch gütigere Seele zu sein.

Warum lohnt es sich, auf seine Seelenqualitäten zu achten? Aus der Seelenkraft zu leben bedeutet, aus emotionaler Kraft, aus innerer Quelle heraus mit Bewusstheit leben zu können. Aus dieser Ich-Präsenz heraus lassen wir uns nicht so leicht verunsichern und verlieren uns nicht in sinnlosen Ängsten. Dann schöpfen wir unsere Kraft aus der inneren Sicherheit heraus, finden unsere Antworten und Lösungen, anstatt uns in Problemen zu verhaften. Wenn wir uns in unserer inneren Geborgenheit und Zuversicht bewusst machen, dass wir aus einer göttlichen Quelle kommen, aus einem höchsten Bewusstsein der Liebe, dass wir auf dieser Erde inkarnieren, um uns in allen emotionalen Eigenschaften zu erleben, dann werden wir unsere Prioritäten immer mehr hin zu Fried- und Lichtvollem lenken.

Dementsprechend werden wir dann auch unsere Ziele im Außen definieren und die Umsetzung unserer Ziele und des Lebenswegs nach diesem Empfinden gestalten. Dadurch wird es uns immer mehr gelingen, dauerhaft aus dem Herzen zu leben. Je mehr wir uns bewusst machen, dass wir auch im Hier und Jetzt über das Empfinden der Liebe mit dem Höchsten verbunden sind, umso mehr können wir selbst ein Fels in der Brandung sein und strahlen auch eine höhere Präsenz und höhere Kraft aus. In diesem Optimismus und dieser positiven Stärke sind wir auch eine große Unterstützung für unsere Lieben und für die göttliche Schöpfung.

Das Leben kann so schön sein, wenn wir bedenken, dass diese Lebensqualität der Leichtigkeit, der Güte, der Nachsicht, alles, was zum friedvollen Liebesbewusstsein dazugehört, was die Seele letztendlich stark macht, bereits jetzt, im Hier und Jetzt, heute, nicht morgen oder nächstes Jahr, möglich ist. Denn mit jedem einzelnen Atemzug, mit jedem Gedanken und Gefühl gestalten wir unseren Lebensweg, beeinflussen wir die Schicksalsgestaltung, beeinflussen wir unsere Zukunft. Wir sind die Schöpfer unserer Zukunft, denn wir bestimmen bewusst wie auch unbewusst, womit wir in Resonanz gehen, was wir glauben, wofür wir uns entscheiden; denn unsere Zukunft steht noch nicht fest, sondern sie entsteht aus der inneren Schwingung heraus, aus unserer heutigen Bereitschaft, aus unserem heutigen Bewusstsein.

Wir sollten uns mehrmals am Tag etwas Zeit nehmen, um wahrzunehmen, worum eigentlich unsere Gedanken ständig kreisen. Am besten nehmen wir uns dazu jeden Morgen, möglichst nach unserer Morgenmeditation, die Zeit, um einfach nur die eigenen Gedanken zu beobachten. Und immer dann, wenn wir feststellen, dass sich unsere Gedanken um äußere Dinge drehen, z. B. um Arbeit oder Mitmenschen, dann sollten wir uns vor Augen führen, dass es wichtig ist, sich weniger mit seinem Tun als vielmehr mit dem eigenen Seelenempfinden zu identifizieren. Es ist übertrieben und führt zum Ungleichgewicht, wenn man sich ausschließlich über seinen Beruf, über das Wohlwollen der Gesellschaft und die Anerkennung im Außen definiert. Denn wir arbeiten, um zu leben, und leben nicht, um zu arbeiten. Der Mittelpunkt in unserem Empfinden und in unserem Gedankengut sollten immer wir selbst sein.

Diese Fähigkeit, in sich zu ruhen, Muße zuzulassen und in der Achtsamkeit nach innen zu lauschen: »Wer bin ich, wie fühle ich mich, wo will mein Herz hin?«, ist entscheidend und friedenstiftend. Dann pflegt man eine Achtsamkeit, die auch hilfreich für den Beruf ist. Man erkennt besser, welche Projekte einem mehr entsprechen und einen weiterbringen und welche Projekte lediglich das falsche Ego nähren, nur kurzfristige Befriedigung bringen.

Ein Mensch, gerade in der Selbständigkeit oder in einem kreativen Berufsfeld, benötigt diesen ruhigen Geist, die Kraft eines Visionärs, damit eine höhere Inspiration ihn erreichen kann für das, was seine Seele in dieser Inkarnation Sinnvolles und Wohltuendes vorhat. Damit können wir uns so manche Lehrjahre ersparen, in denen wir auf dem Irrweg wären.

Natürlich ist keine Lebenserfahrung Verschwendung. Dennoch, je eher wir in unserer Achtsamkeit reifen, umso weniger brauchen wir zu stolpern, umso weniger brauchen wir Wiederholungen im Leben zu erfahren, sei es in Form von Konflikten oder Eintönigkeit. Die Welt wird bunter und fließender, weil wir intuitiver und achtsamer werden in unserer emotionalen Intelligenz, in unserem inneren Empfinden.

In der morgendlichen Besinnung sollten wir auch auf ein anderes wichtiges Thema achten, nämlich auf unsere Gesundheit. Worum kreisen unsere Gedanken dabei? Bei vielen Menschen kreisen die Gedanken um Sorgen über Krankheiten. Es ist wichtig, sich bewusst zu machen, dass Gedanken Energie sind und wiederum Energie erschaffen, das heißt, unsere Energie fließt in den Bereich, den wir mit unseren Gedanken unterstützen. Umso wichtiger ist es, wieder nach innen zu gehen und zu spüren, dass wir von unserer Gesundheit durch und durch überzeugt sind, dass Gesundheit und Liebe etwas ganz Natürliches sind. Wir sollten uns immer sagen: »Ich bedanke mich für meine vollkommene Gesundheit.«

Je mehr wir das kultivieren, umso selbstverständlicher werden diese Eigenschaften für uns sein. Dadurch werden wir feststellen, dass wir immer positiver und optimistischer werden. Denn je häufiger wir diese morgendliche Besinnung vollziehen und die Qualität unserer Gedanken beobachten, umso mehr werden wir im Alltag aus dem Herzen leben, mit Freude durch die Welt gehen, stets eher mit dem Positiven rechnen und damit das Beste anziehen. So gestalten wir in unserer liebevollen Schöpferkraft etwas Großartiges, das, was unsere Seele wirklich braucht und sich vorgenommen hat.

In unserer morgendlichen Viertelstunde sollen wir natürlich individuell spüren, was uns im Inneren bewegt, und es anlächeln. Mit jedem Lächeln lassen wir unsere göttliche Seele erstrahlen. Mit jedem inneren Herzenslächeln gewinnen wir an Kraft, Intuition und auch an Überblick über unser Leben. Wir werden feststellen, dass zum Ende der Viertelstunde unser Geist immer mehr zur Ruhe kommt, unsere Empfindungen immer liebevoller und gütiger werden, dass wir uns mit unserem Körper immer mehr verbunden fühlen. Wir werden unsere morgendliche Besinnung immer mehr mit einem guten Gefühl abschließen und Liebe zum Leben und zu uns selbst empfinden können. Dann sind wir ganz in Einheit mit unserer göttlichen Kraft, mit unserem inneren Licht, mit unseren Schaffenskräften.

Genau dieses Authentische, diese gelebte Liebe macht ein erfülltes Leben aus, und diese Schwingung beeinflusst unser Leben im Hier und Jetzt und unsere Entwicklung. Wir ziehen nun entsprechend stimmige Menschen an, beruflich wie auch privat. Wir gehen positiver, liebevoller mit uns selbst, mit unserem Körper um, wir bauen eine intensivere Beziehung zu uns selbst auf. Durch dieses innere Strahlen bauen wir auch eine intensivere Beziehung zu unseren Mitmenschen auf, weil wir ihnen von Herzen und mit aufrichtigem Interesse zuhören und aufrichtig zu ihnen sprechen, statt aneinander vorbeizureden. So entstehen durch Aufmerksamkeit auch eine starke Gemeinschaft, ein starker Austausch und großartige, innovative Ideen, die alle Menschen weiterbringen.

Wenn diese Inkarnation eines Tages hier zu Ende ist und wir unsere physische Hülle verlassen, dann schließen wir mit einer solchen Lebenseinstellung auch mit einem friedvollen Lächeln die Augen und gehen lächelnd in die jenseitigen Welten. Denn oftmals ist es so, dass der Mensch so stirbt, wie er gelebt hat. Wenn wir andere lieben und die Liebe anderer annehmen konnten, sind wir in unserer geistigen Anbindung besonders stark und optimistisch und offen für das, was auf uns zukommt.

Denn unser individuelles Bewusstsein wird sich im Jenseits nicht auflösen. Unsere göttliche Natur, unser Bewusstsein existiert weiter. Das Gesetz der Resonanz wirkt weiter. Im Jenseits sind wir dann nur in der Lage, das zu erkennen, was uns auch selbst entspricht. So schwingen sich manche Seelen mit innerer Leichtigkeit in das göttliche Urbewusstsein hinein und sehen sich von dem Engel begleitet. Andere Seelen wiederum schwingen weiterhin pessimistisch und sind verschlossen und schwermütig. Sie schwingen nicht in der lichtvollen Frequenz der Engel und haben es somit auch schwerer, sie wahrzunehmen und sich dort zurechtzufinden, wo es immer anders sein wird, als es unseren Vorstellungen entspricht.

Am besten werden wir uns nach der Ankunft im Jenseits zurechtfinden, wenn wir uns in Frieden, Liebe und Vertrauen aus dem Leben verabschieden können und ohne Wünsche und Vorstellungen den Schritt über die Schwelle machen, mit dem Gefühl, dass es lichtvoll weitergeht und der Schutzengel uns den Weg weisen wird.

Ich möchte hier zwei Beispiele aufzeigen von Menschen, die sich zunächst schwertaten, sich im Jenseits zurechtzufinden, da sie festgefahrene Vorstellungen hatten.

Ein buddhistischer Meister hatte zeitlebens Angst, dass er, obwohl er stets ein licht- und liebevolles Leben führte, nach buddhistischer Lehre als Tier wiedergeboren werden könnte. Er veranlasste, dass nach seinem Tod seine Asche in 25 Behältnissen verteilt wurde, die bei den Schülern verblieben. Er hegte die Hoffnung, dass er sich durch diese bleibenden Verbindungen als Seele weiterhin in Erdennähe aufhalten könne, um einer Wiedergeburt zu entgehen. Er fand verständlicherweise im Jenseits keinen Frieden. Ich konnte beobachten, wie seine Seele immer unruhiger wurde und immer schneller umherirrte. Er war ganz in sich und in seiner Überzeugung gefangen. Doch nach längerer Zeit ließ er sich von mir ansprechen und ich konnte ihn auf seinen Irrtum hinweisen. Die Seele fand schließlich zur Ruhe, konnte die Hilfe des Schutzengels annehmen und begann friedvoll mit dem Aufstieg.

Beim Schreiben dieses Buches sind nun sieben Jahre seit seinem Aufstieg vergangen. Ich sehe ihn in der dritten Astralebene der Vergebung, friedlich, aber angestrengt damit beschäftigt, wie sein vergangenes Leben ablief, warum gewisse Geschehnisse eintraten, welche Bedeutung sie für ihn hatten und was sein Tun in seinem Umfeld bewirkte. Wenn er alles aufgearbeitet hat, wird er weiter aufsteigen können.

Bei dem anderen Beispiel handelt es sich um die Seele einer sehr belesenen und engagierten Dame, die einer Lehre anhaftete, dass zeitlebens der Geist geschult werden müsse und dass dieser auch im Jenseits und bei einer erneuten Erdengeburt wichtig sei. Sie verstarb 82-jährig und meldete sich kurze Zeit nach ihrem Ableben bei mir, um mir irritiert zu berichten, dass hier alles anders sei als in ihrer Vorstellung und sie sich überhaupt nicht zurechtfände. Nachdem ich ihr den Weg aufzeigte, konnte sie ihre Vorstellungen loslassen, den Schutzengel erkennen und sich lichtvoll auf den Aufstieg machen.

Es ist befreiend und wichtig, sich vor Augen zu führen, dass auch im Jenseits unser individuelles Seelenbewusstsein nicht aufgelöst wird. Gerade im Jenseits, wenn wir nur noch Emotion sind, gehen wir so voran, wie wir uns fühlen. Wir schließen die Augen und schreiten über die Schwelle ins Jenseits mit der Emotion, mit der wir unseren letzten Atemzug vollziehen, und dieser ist wiederum davon abhängig, mit welchen Emotionen wir unser Leben gestaltet haben.

So mögen wir in liebevoller Resonanz leben und hineinschreiten ins göttliche Licht in unserer liebevollen Resonanz. Umso mehr erkennen wir unsere göttliche Heimat und umso mehr wissen wir: Jeder einzelne Moment im Leben hat sich gelohnt.

Viele unzufriedene Menschen fragen mich: »Macht das Leben denn überhaupt einen Sinn?« Wir sollten immer von der

Schöpfung und unserer eigenen Seelenkraft überzeugt sein und das sogenannte Schicksal wirklich als Wegweiser verstehen. Denn wir sind als göttliche Seelen nicht dafür geboren, in Unzufriedenheit unser Leben zu beschreiten, z.B. uns bis zur Unkenntlichkeit an die Erwartungen anderer anzupassen. Wir sind vielmehr dafür geboren, in unserer individuellen Schönheit zu erstrahlen und einen kraftvollen, liebevollen Beitrag in die Welt hineinzubringen.

Wir sollten bedenken, dass das einzig Beständige im Leben die Veränderung ist. So sollten wir Probleme lösungsorientiert betrachten, nach dem Motto: »Wenn ich ein Problem habe, dann löse ich es, wenn ich es nicht lösen kann, dann mache ich kein Problem daraus.«

Meditation »Impuls meiner Seele«

> Setze dich bequem und aufgerichtet hin.
> Entspanne langsam deinen Körper von unten nach oben.
> Schließe die Augen und nimm dir Zeit für einige tiefe Atemzüge. Folge deinem tiefen Atem und lass beim Einatmen den Atem tiefer in die Bauchgegend hineinfließen, sodass du beim Einatmen spüren kannst, wie die Bauchdecke sich nach außen wölbt. Nimm wahr, wie sich beim Ausatmen die Bauchdecke sanft zurückzieht und du mit all deinen Gedanken bei deinem harmonischen Atemrhythmus bist.
> Gehe immer mehr in dein Wohlbefinden hinein, und sollten sich Gedanken melden, die dich ablenken, so sei dir darüber

bewusst, lächle sie an und stehe in deiner Gelassenheit über den Dingen.

> Atme tief ein und aus und spüre immer mehr den Klang deiner Seele durch deinen Herzschlag.
> Lächle dein Herz an und spüre die Weite in deinem Brustraum.
> Stelle dir das Göttliche Licht im Himmel über dir als ein unendliches weißes Licht der All-Liebe vor. Sieh, wie dich ein wunderschöner Lichtstrahl von oben ganz einhüllt und beschützt.
> In dieser Geborgenheit lausche nach innen, werde ruhiger und entspannter. Atme alle noch vorhandenen Anspannungen aus und lass sie los. Atme neue Kraft der Liebe ein und lass diesem heilsamen Prozess freien Lauf.
> Du atmest tief ein und aus und dein Herzschlag klingt voller Freude.
> Spüre deinen Rhythmus, die Melodie deiner einzigartigen Seele und schwinge dich immer mehr in eine liebevolle, göttliche Kraft hinein, indem du mit jedem Atemzug an die Liebe denkst.
> Dein Geist wird klarer, freier von äußeren Faktoren, indem du die Liebe fühlst, sodass alte Belange von dir abfallen.
> Folge deiner Kreativität und frage dein Herz: »Was ist das Geheimnis meiner Seele? Was möchte mir mein liebevolles Herz heute für meinen Weg mitteilen?«
> Werde leer in dir, empfange die höhere Inspiration, indem du mit all deiner Aufmerksamkeit deinem fließenden Atem folgst.
> Atme tief ein und aus, lass die Stille zu und lass eine höhere Weisheit in dir walten.
> Mit einem der nächsten Atemzüge kommt eine Erkenntnis in dir hoch, deine Seele spricht zu dir.

> Eine tiefe Weisheit kommt wie mit einer Welle in deinem Bewusstsein hoch, und du spürst, welche innere Seeleneigenschaft dich stark macht. Es kommt eine Botschaft wie: »Vollziehe alles in Ruhe aus dem Herzen. Habe Vertrauen, es wird dir alles gelingen.«

> Lausche deinem Herzschlag, denn dein Herz kennt die Wahrheit. Koste diese Ruhe, diese Muße aus.

> Beobachte, wie sich dein Atem verselbständigt und wie die Kraft und Leichtigkeit in dir zunehmen.

> Du erblickst die Welt aus dem Herzen und siehst, die Welt ist gut. Dein Herz strahlt voller Schönheit. Alles hat seinen Sinn. Du liebst das Leben und ergreifst all deine Chancen, welche sich dir bieten, mit beiden Händen.

> Mit jedem Atemzug spürst du die innere Transformation. Du heißt alles Neue im Leben mit offenen Armen willkommen, weil du aus deinem inneren Vertrauen heraus verstehst, dass die Veränderung das einzig Beständige im Leben ist. Du weißt, dass deine göttliche Seele in ihrem Liebespotenzial, im Seelenwachstum allem gewachsen ist und an allem Freude hat, weil sich deine göttliche Seele über irdische Lebenserfahrungen wahrnimmt und entfaltet.

> Du spürst den inneren Ruf und die Zuversicht: »Du schaffst alles. Deine göttliche, unsterbliche Seele ist liebevoll und kraftvoll.«

> So schicke ein großes Herzenslächeln deinem Leben gegenüber in alle Lebensbereiche, die dich beschäftigen. Schicke ein Lächeln in deinen Körper, in deine Familie, in deine Beziehungen, in die Menschen, die dir präsent sind, in dein Tun, in deine Berufung, in deinen Beruf.

> Habe Freude an deinem Tun, denn du bist liebevoll und liebens-
wert und in der göttlichen Schöpfung willkommen, in deinem
wunderbaren Sein.
> Gönne dir noch abschließend drei tiefe Atemzüge Zeit und lass
wie ein Echo die Liebe in deinem Herzen nachklingen. Gönne
dir die Zeit des Wohlbefindens.
> Spüre, wie du von innen heraus strahlst und lächelst, in dir ver-
ankert und sicher bist und das Leben mit einem liebevollen
Blick betrachten kannst, sodass du, wenn du so weit bist, deine
Augen langsam öffnen kannst. In dieser Entspanntheit machst
du dich zu deinen Lieben, zu deinen Aufgaben, zu der Schönheit des Lebens auf.

Spüre stets die Kraft der Liebe von innen heraus und bereichere
mit deiner Liebe deine Welt; denn du bist gut, schön und liebevoll, so wie du bist in deiner einzigartigen, göttlichen Seele.

Wie können wir unsere Seele täglich nähren?

Die Fähigkeit zur Liebe, Hingabe, Sanftmut und zum Vertrauen ist eine große Seelenkraft in uns, die Frieden schafft. Wir sollten uns in jeder Herausforderung aufrichten und in unserer inneren Schönheit, in unserem Selbstbewusstsein erstrahlen und uns unserer Aufgabe auf dieser Erde bewusst sein. Sensitivität, Sensibilität und Sanftmut sind große Stärken; denn auf dieser Ebene wird der Frieden geboren. Möge dich Frieden in allem begleiten.

Wir haben nun begriffen, dass wir unsere Seele mit Liebe, Fürsorge und Vertrauen täglich nähren können und auch sollen. Wir können unsere Seele täglich stärken, indem wir ungesunden, kraftraubenden Stress vermeiden. Doch gerade Stress ist ein tägliches Thema für viele Menschen.

Es gibt negativen und positiven Stress. Positiven Stress erleben wir, wenn wir vor einer Herausforderung stehen, auf die wir all unsere Konzentration, all unsere Kraft richten, indem wir an der Aufgabe voller Begeisterung arbeiten, weil wir eine Zukunftsperspektive darin spüren. Die erhöhte Konzentration lässt uns über uns selbst hinauswachsen und macht unsere Seele stark. Dieser positive Stress hilft uns, uns selbst wahrzunehmen, unsere Ziele fest vor Augen zu halten und kreative Ideen zu entwickeln, um diese auch zu erreichen. Das gibt neue Energie und muntert auf.

Doch das, woran die meisten Menschen leiden, ist der negative Stress. Negativer Stress entsteht, wenn wir uns auf die negativen Aspekte des Lebens fokussieren und dabei unser Herz durch und durch verschließen, keinerlei Kreativität mehr zulassen, weil die Offenheit, die Begeisterungsfähigkeit für das Neue nicht mehr vorhanden sind. Wir fühlen uns überfordert anstatt gefördert und verlieren unsere seelische Balance.

Stress hat sich in unserer Sprache bereits so eingebürgert, dass wir ihn gar nicht mehr hinterfragen, sondern für normal erachten. Doch Probleme sollten wir beim Namen nennen, denn erst dann können wir sie auch lösen. Negativen, krankmachenden Stress können wir auch folgendermaßen definieren: Belastender Stress ist die Unfähigkeit, äußeren Reizen lichtvoll und lösungsorientiert begegnen zu können mangels Vertrauen in sich selbst und in das Leben. Der Mensch rechnet mit dem Schlimmsten und traut sich selbst nichts mehr zu.

Die meisten Menschen leiden weniger unter den Anforderungen des Lebens als unter den Bewertungen der Anforderungen. Wenn wir eine anstehende Arbeit als für uns zu schwierig bewerten, belastet uns diese Arbeit eher, als wenn wir diese Sicht nicht hätten. So benötigen wir ein tiefes Vertrauen in uns selbst, um den Herausforderungen des Lebens gewachsen zu sein.

Vertrauen ist ein Gefühl und somit eine Seeleneigenschaft in unserem Herzen. Um unsere Seele täglich nähren zu können, ist es nötig, eine liebevolle Beziehung zu uns selbst aufzubauen. Um eine liebevolle Beziehung zu uns aufbauen zu können, müssen wir nach innen lauschen und uns immer wieder fragen: »Wo bin ich gerade mit meiner Aufmerksamkeit? Worum kreisen meine

Gedanken? Geben sie mir eher Kraft oder rauben sie sie mir vielmehr? Wo bin ich gerade jetzt mit meinem Atem? Atme ich eher flach oder tief, voller Zuversicht und Vertrauen? Bin ich mit meiner Kraftquelle, mit meiner göttlichen Seele verbunden oder bin ich außer mir, ständig bei äußeren Belangen und somit nicht mehr in meiner Mitte?«

Nicht in sich zu ruhen, erzeugt krankmachenden Stress! Denn dieser Zustand sorgt dafür, dass wir uns äußeren Faktoren schutzlos ausgeliefert fühlen. Dieser Stress trifft weniger von außen auf uns, er kommt tatsächlich vielmehr von innen heraus. Wir verursachen diesen Stress selbst! Denn hätten wir Souveränität in uns, könnten wir jeglichen Situationen viel gelassener begegnen. Wer souverän ist, der trägt eine liebevolle Lebensphilosophie in sich. Erfüllt von liebevoller Lebensphilosophie wäre uns bewusst, dass alles seinen lichtvollen Sinn hat und wir in der Lage sind, in den Herausforderungen auch Lösungen und Chancen zu erkennen. Dann können wir tiefes Vertrauen, die Verbindung mit unserer Seele und Weitblick für das Leben bewahren, uns dem visionären Blick öffnen und unseren inneren Ruf bei jeder Begegnung und in jeder Lebenserfahrung spüren.

Wenn wir unsere Seele täglich nähren möchten, von innen heraus erstarken wollen, unser Leben in Schöpferkraft und Selbstermächtigung ergreifen, sollten wir mit unserer Achtsamkeit bei unserer Seele sein und unser Befinden wahrnehmen. Dazu sollten wir uns stets die nötige Zeit nehmen, um nach innen zu lauschen, um festzustellen, ob wir in uns ruhen und damit in unserer größten Kraftquelle verankert sind. Dies können wir auch über achtsames Atmen tun.

So stärken wir uns in unserem Inneren, schenken uns Liebe und stärken unsere Intuition. Denn besitzen wir eine starke Intuition, sind wir aufmerksam, wissen stets, was uns guttut, wissen, was wir wollen, wo wir hin wollen, wie wir leben möchten – dann sind wir selbstbestimmend. Wissen wir das nicht, sind wir nicht in unserem Selbstvertrauen, in unserem Selbstbewusstsein und in unserer starken Intuition verankert, dann verlassen wir uns umso mehr auf die Meinungen und Entscheidungen anderer. Dann liefern wir uns der Gefahr aus, zu sehr nach den Vorstellungen anderer zu funktionieren und am eigenen Seelenheil vorbeizuleben. Diese Unselbständigkeit führt dann zu Unzufriedenheit und diese Unzufriedenheit führt wiederum zu Schwermut. Auch unsere Beziehungen leiden darunter. Wir gehen immer mehr in diese Opferhaltung hinein (»Ich kann ja nicht anders«). Irgendwann läuft das Fass über und wir machen die anderen für den Missstand verantwortlich: »Die anderen bestimmen mein Leben, die anderen schreiben mir vor, was ich tun soll. Die anderen sind schuld.« Doch dies bringt uns nicht wirklich weiter.

In solchen Momenten sollten wir uns fragen: »Wie fühle ich mich und wie möchte ich mich gern fühlen? Wie möchte ich wirklich leben, was möchte ich erleben?« Als nächstes sollten wir uns fragen: »Wie trage ich selbst dazu bei und wie kann ich es ändern?«

Dies öffnet uns die Augen für die Fülle der liebevollen, lichtvollen Möglichkeiten. Diese wiederentdeckte Besinnung auf uns selbst lässt unsere göttliche, natürliche Intuition in uns frei fließen. Wir spüren wieder, was uns guttut, was wir in unserem

Alltag viel mehr intensivieren können. Dann können wir uns neu fokussieren, Prioritäten festlegen und unseren lichtvollen Zielen folgen.

So können wir wirklich unterscheiden, was unseren wahren Bedürfnissen entspricht und was nicht. Mit dem Blick auf das Wesentliche kommen wir wieder in unsere Mitte, denn wir können abwägen, was wirklich zu uns gehört. In diesem Bewusstseinszustand sind wir in unserer göttlichen Intuition fest verankert, unsere Gedanken sind klar, unsere Gefühle liebevoll, der Atem fließt harmonisch, wir sind innerlich aufgerichtet und strahlen von innen heraus. Wir nehmen uns bewusst wahr, und dies ist ein Ausdruck von innerer Stärke, von Eigenverantwortung und Selbstliebe. Damit nähren wir die Seele. Damit sind wir wieder erfüllt und stark. Sind wir eine starke Persönlichkeit, so bringen wir auch positive Kraft in unsere Gemeinschaften hinein. So umgeben sich die Menschen auch gern mit uns, denn auch wir umgeben uns gern mit zuverlässigen, selbstbewussten und liebevollen Menschen. Denn in einer Gemeinschaft sind wir besonders stark und können uns gegenseitig inspirieren.

So leben wir unser Potenzial und können unserer Intuition und unseren Entscheidungen viel mehr vertrauen. Wir können aus jeder unserer Entscheidungen etwas lernen, ohne jemals etwas zu bereuen. Auch wenn uns manche Entscheidungen nicht immer zum gewünschten Erfolg führen, wissen wir, warum sie sinnvoll sein können und dass wir daraus lernen können. Wir gewinnen an Reife. Das Leben ist dafür da, dass wir uns in unserem Seelenpotenzial erfahren und entfalten.

In unserer Vollkommenheit sind wir in der Lage, mit jeder Lebenserfahrung und innerer Reife noch intensiver lieben und leben zu können. Dafür ist es wichtig, sich auf neue Erfahrungen einzulassen, Neues auszuprobieren und sich von einer anderen Seite kennenzulernen. All das wirkt lebensbejahend. Wenn wir bewusst tief atmen, merken wir auch unsere physische Vollkommenheit, unser Körper gewinnt an Kraft, die Zellkommunikation wird gestärkt und wir können gedeihen und zu Kräften kommen. Dieses vollkommene Potenzial ist in uns, denn wir sind Teil eines vollkommenen, wunderschönen und liebevollen Kosmos. So mögen wir uns täglich auf unsere seelische Kraft und auf unser Wohlbefinden besinnen.

Je bewusster wir uns unseres Selbst sind, desto mehr intuitive Stärke entwickeln wir, und unsere Entscheidungskompetenz wächst. Wenn Entscheidungen anstehen, so sollten wir diese immer mit unserem Herzen überprüfen, das heißt, wir sollten auf unsere Seele hören. Wenn wir zu etwas »Ja« sagen, so sollten wir prüfen, ob wir uns dabei wohlfühlen, ob wir dabei tief in den Bauch atmen, ob wir dabei im Herzen Liebe spüren und unsere Gedanken dabei ruhig sind. Wenn das alles gegeben ist, dann bestätigt uns unsere göttliche Seele unsere Entscheidung.

Wenn wir zu einer Angelegenheit »Nein« sagen, so sollten wir dies genauso überprüfen. Fühlen wir uns dabei innerlich wohl, können wir bei dieser Entscheidung tief atmen, in uns Liebe spüren und dabei in unseren Gedanken klar sein? Dann bestätigt uns auch hier unsere Seele diese Entscheidung. In beiden Fällen können wir bewusst und konsequent unserem Herzen folgen.

Wir sollten keine halbherzigen Entscheidungen treffen, denn diese bringen uns nicht weiter. Im Laufe des Lebens verändern wir uns und auch die Umstände verändern sich. So sollten wir auch in der Lage sein, unsere alten Entscheidungen zu hinterfragen, denn alles hat seine Zeit.

Doch wenn bei einer zu treffenden Entscheidung der Atem nicht tief in den Bauch fließen kann, die Liebe im Herzen nicht spürbar ist und die Gedanken unruhig werden, dann sollten wir uns für die Entscheidung auf jeden Fall noch Zeit lassen. Manche Schicksalsbewegungen brauchen einfach noch eine Weile zum Reifen.

Was nährt also unsere Seele?

> Das, was für uns stimmig ist.
> Das, was unseren Atem tief fließen lässt.
> Das, was uns ein gutes Gefühl vermittelt.
> Das, was uns mehr Klarheit im Leben schenkt.
> Das, was uns im guten Gefühl intuitiv einen Schritt nach dem anderen machen lässt.
> Das, was uns unsere lichtvollen Ziele stets vor Augen halten lässt.
> Das, wodurch wir den Weg zu unseren Zielen spielerisch, flexibel und spontan gestalten, so wie das Leben in seiner Stimmigkeit es uns zeigt.

Wir sollten gut auf unsere Seelenstärke achten, denn die Welt braucht Optimisten, starke, zuverlässige Menschen. Jeder ist dabei gefragt, jeder ist wichtig auf dieser Erde. Da, wo wir uns befinden, da werden wir auch gebraucht. Also richten wir uns auf und zeigen uns in voller Seelenschönheit. Gerade wir mit unserer Weisheit, mit unserer Spiritualität sollten ein wunderbares, ausgeglichenes und fröhliches Vorbild sein und auch Vorreiter für eine liebevolle Gesellschaft, für eine liebevolle Zukunft, für die nächste Generation der Optimisten. Vor allem unsere Kinder brauchen zuverlässige Erwachsene. Unsere Mitmenschen, die sich von so vielen belastenden Nachrichten bedrückt fühlen, brauchen Visionäre, brauchen positive Menschen, die das Gute sehen und somit mit ihren positiven Gedanken das Positive nähren.

Ich höre oft ungewollt in Cafés die Gespräche älterer Menschen an Nachbartischen mit. Selten erlebe ich lichtvolle, heitere Gespräche. Die Menschen sprechen vielmehr über Vergangenes, Unzufriedenheiten und Krankheiten. Dies nährt ein düsteres Weltbild bei den Beteiligten und fördert auf keinen Fall die eigene Gesundheit und das Wohlbefinden.

Positive Nachrichten dagegen nähren unsere Seele! Daher sollten wir unseren Blick stets auf die Schönheit aller Dinge richten. Wir sind starke Seelen! So mögen wir all unsere Stärken auch in allem nährend, sinnstiftend, liebevoll und lichtvoll erfahren, erfüllt von Liebe und Vertrauen. Möge die folgende Meditation dir dabei eine Hilfe sein:

Meditation
»Stärkung meiner Entscheidungskompetenz«

> Setze dich bequem und aufgerichtet hin. Entspanne langsam deinen Körper von unten nach oben.

> Schließe die Augen und atme tief ein und aus. Folge deinem Atem und lass beim Einatmen den Atem tiefer in die Bauchgegend hineinfließen, deine Bauchdecke wölbt sich nach außen. Nimm wahr, wie beim Ausatmen die Bauchdecke sich sanft zurückzieht und du mit all deinen Gedanken bei deinem harmonischen Atemrhythmus bist.

> Folge deinem harmonischen Atem und lächle dabei all deine Gedanken und Emotionen an und lass Leichtigkeit sich in dir ausbreiten.

> So nähre deine Seele mit tiefem, fließendem Atem, mit klarem Geist, mit liebevollem Empfinden in deinem Herzensraum.

> Beobachte deine Gedanken und stelle fest, ob dich eine anstehende Entscheidung beschäftigt. Benenne deine Frage innerlich klar und deutlich und entscheide dich dazu, »Ja« zu sagen.

> Nun überprüfe diese Entscheidung: Kannst du bei diesem »Ja« tief atmen und Liebe spüren, fühlst du dich dabei klar?

> Wenn du all dem zustimmen kannst, dann ist dein »Ja« richtig.

> Wenn du jedoch dabei die Liebe, den tiefen Atem und die Klarheit nicht richtig empfinden kannst, so ist diese Entscheidung nicht ganz stimmig und benötigt noch etwas Zeit. Gib dir diese Zeit, denn in der Geduld liegt die Zuversicht, dass sich alles zum richtigen Zeitpunkt fügen wird.

> Nun bedanke dich bei der himmlischen Führung und bei der Kraft deiner göttlichen Seele für diese Unterstützung.

> Schenke dir selbst dein schönstes Lächeln und bringe dir Liebe und Anerkennung entgegen. Spüre die Liebe zu dir und lass folgenden Satz in deinem Herzen nachklingen: »Ich liebe mich, meine Seele ist lichtvoll, liebevoll und groß, und ich weiß, dass mir alles gelingt, was ich von Herzen angehe, was in meinem lichtvollen Seelenplan vorgenommen ist. Denn das, was für mein Herz stimmig ist, ermöglicht auch kreative Ideen, zeigt mir den innovativen Weg, erfüllt mich mit Vertrauen. Und in diesem Empfinden folge ich stets meinem liebevollen Herzen. Ich liebe mich.«

> Wenn du bereit bist, öffne langsam deine Augen und komme in das Tagesgeschehen zurück.

> Folge weiterhin deinem harmonischen Atem und schenke der Welt dein schönstes Lächeln, indem du dein Leben genießt und mit dieser Freude das Leben gestaltest.

Was können wir noch tun, um unsere Seele täglich zu nähren? Wir können lernen, richtig zu atmen. Die Grundbasis für das Aufgerichtet-Sein und ein starkes Urvertrauen ist ein tiefes, bewusstes Atmen. Dies ist auch die Basis einer jeden meditativen Versenkung, Intuitionsschulung und Bewusstseinserweiterung. Mit tiefem Atmen ist das ruhige Atmen in die Unterbauchgegend gemeint. Beim Einatmen wölbt sich der Bauch nach außen, beim Ausatmen nach innen. Die meisten Menschen atmen, bedingt durch innere Anspannung, Stress und Angst, eher flach in den

Brustraum hinein und sind dabei oftmals kurzatmig. Dadurch geraten sie wiederum noch schneller in Stress, weil die Impulse des Lebens schnell vonstattengehen. So sollten wir lernen, uns regelmäßig auf unseren Atem zu besinnen und uns zu verankern. Für mich bedeutet das, mich mindestens dreimal am Tag für fünf Minuten in Ruhe hinzusetzen und zu spüren, wo ich mit meinem Atem gerade bin. Je aufmerksamer ich atme, umso aufmerksamer nehme ich den Verlauf des Lebens wahr, ergreife rechtzeitig die Chancen, die sich mir bieten. Dabei nehme ich die Qualität meiner Gedanken und Gefühle wahr und entspanne meinen Körper. So sollte unser Atem tiefer, über den Brustraum durch das Zwerchfell hindurchfließen in Richtung Bauchgegend bis in den Unterbauch hinein.

Viele Menschen brauchen Zeit, sich daran zu gewöhnen, weil sie sich im Bauchraum blockiert fühlen. Das liegt daran, dass ihnen tatsächlich viele Dinge auf den Magen schlagen und sie viel grübeln. Grübler haben einen besonders sensiblen Magen, der rasch auf alles reagiert. Dabei ist ihre Magen- und Bauchgegend dauerhaft angespannt und sie kommen mit ihrem Atem nicht ungehindert vom Brustraum in den Bauchraum hinein. Doch auch hier gilt: Übung macht den Meister!

Je tiefer, ruhiger und harmonischer wir atmen, umso mehr durchlichten wir unseren Körper und können die Stellen entkrampfen und heilen, die durch Schocks aus der Vergangenheit blockiert sind. Durch diese Durchlichtung kommt die Zellkommunikation in Bewegung, die Selbstheilungskräfte werden aktiviert, alte Schocks werden unbewusst losgelassen und können somit geheilt werden.

Atemmeditation

> Setze dich bequem und aufgerichtet hin.
> Entspanne langsam deinen Körper von unten nach oben.
> Schließe die Augen und nimm dir Zeit für einige tiefe Atemzüge, bis sich ein harmonischer Rhythmus einzustellen beginnt. Folge deinem Atem und lass beim Einatmen den Atem tiefer in die Bauchgegend hineinfließen, sodass du spüren kannst, wie die Bauchdecke sich leicht nach außen wölbt.
> Nimm wahr, wie beim Ausatmen die Bauchdecke sich sanft zurückzieht und du mit all deinen Gedanken bei deinem harmonischen Atemrhythmus bist.
> Lege die Hände auf deinen Bauchraum und spüre sie wohlig und warm auf deinem Bauch. Atme nun bewusst und sanft in deine Hände hinein und zentriere dich auf diese Weise in deiner Mitte. Lass dir Zeit in deinem wohltuenden Atemrhythmus.
> Schließe deine Augen und nimm bewusst wahr, wie du durch die Nase einatmest und dein Atem in die Lungen, dann in den Zwerchfellraum und anschließend in den Unterbauch hineinfließt.
> Schicke ein liebevolles Lächeln in deine Bauchgegend hinein und stärke damit deine Mitte.
> Nun fokussiere dich auf deine Bauchnabelgegend, zähle in aller Ruhe beim nächsten Einatmen bis drei und genieße diese Zeit. Zähle auch beim ruhigen Ausatmen bis drei.
> Setze diese Atemtechnik noch einige Male fort, so wie es sich angenehm für dich anfühlt.

> Verstärke deine Erfahrung, indem du beim nächsten Einatmen erneut langsam bis drei zählst und dann die Luft anhältst und ebenfalls bis drei zählst.

> Nun atme aus, zähle dabei bis drei und halte die Luft wieder an und zähle dabei bis drei.

> Atme wieder tief ein und beobachte, dass dein Atem nun in der Lage ist, noch tiefer zu fließen und dein Bauch sich noch entspannter anfühlt.

> Setze nun deinen individuellen, tiefen Atemrhythmus fort und beobachte, dass dein Verstand umso freier wird, je intensiver und bewusster dein Atem fließt. Denn dadurch bringst du dich ins Hier und Jetzt und weg vom Grübeln.

> Beobachte nun, wie in deinem Herzen Liebe und Freude zunehmen, wie dein Körper durch den erhöhten Energiefluss leicht zu kribbeln beginnt und sich sanft und gleichzeitig stark fühlt.

> Mit jedem Atemzug lächle alles an, was in dir hochkommen möchte, und lass es los.

> Spüre mit jedem Atemzug: »Ich bin Liebe. Ich bin Licht. Frieden erfüllt mich« und wiederhole diese Affirmation mehrere Male.

> Lass dich auf das Gefühl von Liebe, Vertrauen und Geborgenheit in dir ein und erlaube dir, einfach du selbst zu sein.

> So stärke dich im »Atemrhythmus des Vertrauens«, solange du es brauchst, und verinnerliche diese Kraftquelle in dir, zu der du immer wieder zurückkehren kannst.

> Und wenn du dich gestärkt hast und in dein Tagesgeschehen zurückkommen möchtest, dann fühle dich frei, die Augen langsam zu öffnen, dein Leben anzulächeln und deinem Alltag nachzugehen.

Liebe als Seelennahrung

*Wir sind vom Anbeginn unseres Lebens auf der Suche
nach dem Sinn und der Wahrheit. Das Leben
und die persönliche Entwicklung stellen uns laufend vor
viele Fragen. Je wissender wir werden, umso sicherer und
friedvoller werden wir auch. Denn jede Seele strebt
nach einem erfüllten und lösungsorientierten Leben.
Durch die liebevolle Besinnung auf die Weisheit gelingt es uns,
zurück zu unserer inneren Sicherheit und liebevollen
Herzensqualitäten zu gelangen.*

Da unsere Seele aus der göttlichen Schwingung der Liebe entstanden ist, ist die Liebe der Lebenssinn eines jeden Menschen.
In Liebe fühlen wir uns lebendig, stimmig und stark. Doch wir
müssen beim Empfinden der Liebe darauf achten, dass wir sie in
uns selbst entfalten, sie uns selbst geben und dann den Partner
oder die Partnerin daran teilhaben lassen. So können zwei Lie-
bende in gegenseitiger Liebe und Hingabe verschmelzen. Viele
Menschen haben einen Konflikt mit dem Liebesempfinden, sie
erwarten die Liebe von außen, anstatt sie in sich selbst zu spüren. Sie stellen sich die Liebe an etwas gebunden vor, z. B. an einen Partner, ein Tier oder in Form von Erfüllung und Anerkennung von außen. Natürlich freut sich jeder über Liebe und Anerkennung, die ihm entgegengebracht werden, doch dies darf nicht
im Vordergrund stehen und kann nicht die Liebe zu sich selbst
ersetzen. Denn wenn wir uns von diesen äußeren Wünschen und

Vorstellungen abhängig machen, haben wir unsere Mitte und unsere Freiheit verloren.

Die Liebe sollte ein Bewusstseinszustand in uns sein, eine lichtvolle innere Kraft, aus welcher wir leben, und daraus sollten wir wiederum neue Kraft schöpfen. Sobald wir die Liebe als eine friedenstiftende Energie von innerer Stille und innerer Kraft in uns verstehen, werden wir von äußeren Einflüssen unabhängiger, wir werden gütig und stark. Auch dies ist ein Grund, warum wir uns in unserer spirituellen Entfaltung und liebevollen Lebensphilosophie täglich die Zeit für einen Rückzug einräumen sollten, um unsere Kraftquelle in uns zu finden und diese Liebe als lichtvolle Energie in uns zu spüren. So kommen wir in Resonanz mit dieser Kraft auch im Außen und gestalten danach unsere Begegnungen, Beziehungen, Aufgaben und Ziele. Auf diese Weise kommt die Liebe als Kraftquelle von unserem Inneren heraus und strahlt von außen auf uns zurück.

Der Blick nach außen, das Suchen der Liebe und Anerkennung durch andere macht uns nur immer leerer und hungriger, weil wir immer den Mangel sehen. Wir sehen das, was nicht da ist, anstatt das, was bereits in uns vorhanden ist.

Wenn wir uns als göttliche Seele in den Mittelpunkt unseres Lebens stellen, uns selbst bejahen und uns selbst liebevoll zuwenden, dann werden wir zunehmend aus der inneren Fülle heraus auch die Fülle im Außen erkennen und in unseren Wirkungskreis einladen. Dann können wir erkennen, dass jeder Mensch die Liebe auf seine individuelle Weise empfindet. Wir werden erkennen, dass auch wir geliebt werden, wir sind dann in der Lage, zu akzeptieren, dass jeder Mensch entsprechend seinen

Fähigkeiten und Fertigkeiten seine Liebe anders zeigt. Je mehr wir diese Kraft in uns selbst spüren und dadurch freier und unabhängiger werden, umso mehr können wir uns an dem, was uns im Außen begegnet, erfreuen und wollen es nicht mehr einfordern. Wir können nur so viel Liebe von außen annehmen, wie sie in unserem Inneren vorhanden ist. Wir müssen begreifen, dass die Liebe zu uns selbst der Schlüssel ist für den Frieden mit uns und mit unseren Mitmenschen. Sie ist der Weg in ein glückliches und erfülltes Leben. Auch eine Partnerschaft kann nur dann lichtvoll gedeihen, und jeder kann den anderen nur dann von Herzen lieben und sich gemeinsam mit ihm weiterentwickeln, wenn beide sich selbst lieben und dann diese Liebe mit dem anderen teilen.

Es ist wichtig, seinen Schwerpunkt auf dieses innere Wohlbefinden zu legen, denn aus dieser inneren Resonanz heraus, aus dieser liebevollen Schwingungskraft gestaltet sich die Welt im Außen. Wir sind dann liebenswerter, attraktiver und gleichwertiger, wir trauen uns viel mehr zu und strahlen das auch aus. Wenn wir diese Kraftquelle in uns erkennen, haben wir Selbstvertrauen, blicken mit Zuversicht in die Welt, spüren Mut, wachsen über uns selbst hinaus, wagen Neues und gehen bewusster durch die Welt.

Die Liebe ist nicht nur ein Wort, sondern ein tiefes Empfinden, das erlebt werden will und entsprechende Handlungen nach sich ziehen möchte. Eines Tages war meine damals zwölfjährige Tochter vor einem Vortrag in der Schule ganz aufgeregt. Sie sollte ein Thema, das sie erarbeitet hatte, vor ihrer Klasse erläutern. Sie kam zu mir und sagte: »Mama, morgen werde ich krank

sein, ich gehe nicht zur Schule, ich halte diesen Vortrag nicht!«
Ich habe nicht rational gedacht, z. B. nicht überlegt, ob sie den
Vortrag halten soll oder zu Hause bleiben darf. Ich habe mich
nicht auf das Problem, sondern auf die Lösung konzentriert. Ich
habe mich als Mutter gefragt: »Ist es mir wichtig, dass mein
Kind sich wohlfühlt und von innen heraus stark ist oder dass es
seine Vortragspflicht gehorsam erfüllt?« Ich habe mich dafür
entschieden, dass es mir wichtig ist, dass mein Kind sich bei seinen Entscheidungen wohlfühlt, aber auch Herausforderungen
angeht. So sagte ich zu ihr: »Angst zu haben, ist völlig normal.
Es fühlt sich schlimm an, aber die Angst schärft die Sinne, man
konzentriert sich, man nimmt seine Aufgabe ernst, und wenn
man es geschafft hat, wächst man über sich selbst hinaus. Ich
hatte auch Angst bei meinen ersten Vorträgen. Doch hätte ich
die Angst siegen lassen, hätte ich mich meiner Berufung nicht
stellen können, hätte nichts dazugelernt und hätte jetzt nicht die
Freiheit, das zu machen, was ich mir in dieser Inkarnation vorgenommen habe. Also, meine Liebe, du wirst es schon schaffen.«
Daraufhin sagte sie: »Nein, nein, ich werde morgen krank sein.«
Da meinte ich: »Du musst von der Angst heraus eine Brücke zur
Liebe und zum Erfolg schlagen, um die Herausforderung annehmen zu können. Und die Brücke von der Angst zur Liebe sind die
inneren liebevollen Tugenden, vor allem aber die Freude. Die
Freude bringt alles in Fluss, was im Menschen ist. Als ich Angst
vor einem Vortrag hatte, so habe ich mich auf meine Zuhörer
gefreut, habe gedacht, dass sie mir zuhören und sich die Zeit
nehmen werden. Also sei dir ganz sicher, auch deine Mitschüler
freuen sich auf das, was du in deinem Referat herausgearbeitet

hast und was du ihnen zu sagen hast, denn deine Ausarbeitung gibt auch ihnen Wissen. Also freue dich darauf.«

Daraufhin ging sie in ihr Zimmer, um nachzudenken. Ich ließ ihr diese Zeit, denn die Entwicklung zur Liebe hin benötigt Zeit und Erfahrung, das ist ein Prozess und geschieht nicht auf Knopfdruck. Später kam sie wieder zu mir und sagte: »Ich habe immer noch Angst.« In so einem Moment musste ich ihr nun helfen, aus der Ratio herauszukommen. Dies geht jedoch nicht mit weiteren Erklärungen, sondern mit dem Vorleben der Lebensfreude. Mehr Erklärungen nützen nicht unbedingt mehr. Also habe ich nichts mehr erklärt, sondern sie nur angelächelt, in Freude und Zuversicht, im uneingeschränkten Vertrauen in sie, in ihre Kraft, in ihren Weg und in ihre Entscheidung, ich habe sie einfach aus dem Herzen angelächelt. Denn Gefühle erreichen die Kinderseelen mehr als Worte. Also habe ich auf diese leise Weise einen liebevollen Impuls gegeben und losgelassen, Liebe vorgelebt und bin aufmerksam geblieben.

Dann ging sie schlafen, und ich begleitete sie mit Zuversicht, dass sich alles so entwickeln würde, wie es ihr guttäte, wie es sinn- und lichtvoll für ihre Entwicklung sei, anstatt mir Sorgen zu machen, ob sie morgen in die Schule gehen würde. Denn unverkrampft zu bleiben, bedeutet, eine liebevolle Haltung einzunehmen.

Am nächsten Morgen beim Frühstück habe ich das Thema nicht angesprochen, sondern sie nur beobachtet: Wie fühlt sie sich, wie isst sie, wie strahlt sie? Sie hatte interessanterweise kein Bedürfnis mehr, über den Vortrag zu reden, und ist fröhlich in die Schule gegangen. Als sie aus der Schule zurück war, sprach sie auch nicht von dem Vortrag. Also fragte ich sie danach. Und sie meinte:»Ja, alles ist bestens gelaufen, ich habe nur zu schnell gesprochen.« Ich habe mich sehr für sie gefreut, über ihre Souveränität und über ihr Vertrauen in sich und in das Leben. Die Folge ist, ich habe bei meiner Tochter seitdem keine blockierenden Ängste vor einem Vortrag mehr erlebt. Sie hat nun die Erfahrung gemacht, dass das, was sie empfindet, in Ordnung ist und sie dafür nicht verurteilt wird oder unter Druck geraten muss. Sie hat die Erfahrung gemacht, dass sie geliebt wird, so wie sie ist, und dass sie sich mit Zuversicht und Vertrauen ihren Aufgaben widmen und sie auch meistern kann. So kann der junge Mensch Selbstvertrauen entwickeln, sich wertvoll, angenommen und liebenswert empfinden. Denn die erste und wichtigste Beziehung ist die Beziehung zu uns selbst, und diese sollte nicht von eigenen verurteilenden Überzeugungen geprägt sein. Denn so, wie wir über uns denken, so fühlen wir uns auch, das heißt, unsere Gedanken haben einen entscheidenden Einfluss auf unser Selbstwertgefühl.

Deshalb sollten wir verinnerlichen, dass der Weg zur Liebe durch liebevolle Tugenden und Handlungen führt. Denn wenn wir z. B. unseren Kindern sagen:»Ich liebe dich«, dies aber nicht zeigen, z. B. durch Zuhören, dann leben wir die Liebe nicht vor und das Wort hat keinen Bestand.

Je mehr wir in ein liebevolles Empfinden hineinkommen, umso mehr kommen wir aus der Ratio in die Emotio und können durchatmen und die Gegenwart genießen. Denn auch unser Partner möchte genauso gesehen und geliebt werden, wie wir es möchten, und er möchte genauso verstanden und respektiert werden. Grundsätzlich sollten wir unsere Lieben nicht beurteilen, sondern verstehen und lieben, dann gelingen uns unsere Beziehungen.

Die göttliche Wahrheit ist so groß wie die gesamte Schöpfung und ist damit überall und in jedem menschlichen Bewusstsein vorhanden, bloß in verschiedener Dosierung. So können wir von der Erfahrung anderer Menschen profitieren und aus allen Begegnungen etwas Lebensbereicherndes schöpfen. Wir können uns gegenseitig in unserer Wahrheitssuche und in unserem Liebesempfinden unterstützen. Denn Liebe ist eine friedvolle Kommunikation, Liebe ist unsere Wahrheit, unser Weg nach innen und zu einem herzlichen Miteinander.

Dann ist unsere Welt heil und wir können jeden in seinem So-Sein lassen, respektieren, verstehen und auch froh sein, dass wir in der Lage sind, in Liebe und Mitgefühl allem zu begegnen, und nicht mit Kampf, Vorurteilen und Druck. Denn unsere Seele ist groß, voller Weisheit und bedingungsloser Liebe. So sollten wir durch ein harmonisches Verhalten stets zu liebevollen Tugenden finden. Das alles entspricht unseren Lebensaufgaben, die wir als göttliche Seelen in dieses Leben mitgebracht haben. Aus diesem inneren Seelenheil heraus wird sich auch der Lebensweg heilsam entwickeln, und wir werden die Erfahrung machen, dass wir in der Lage sind, Probleme zu lösen. Und sollten sie sich nicht lösen lassen, werden wir sie einfach sein lassen können und sie nicht überbewerten.

Wenn wir uns fragen, warum die Liebe als Seelennahrung so wichtig ist, so lautet die Antwort: »Weil die Liebe eine weise Antwort auf alles im Leben ist.« Wenn wir ein Thema haben, so sollten wir uns immer wieder daran erinnern, dass die Wurzel aller Probleme die Angst ist und alle Lösungen sich in der Liebe finden. Liebe ist alles und ohne Liebe ist alles nichts.

Meditation
»Ich lassen meine alten Muster los«

> Setze dich bequem hin und atme tief über den Bauch ein und aus. Atme immer tiefer und halte nach dem Einatmen wie auch nach dem Ausatmen jeweils für einige Sekunden den Atem an. Komme immer tiefer in dir an.
> Lass deine Gedanken mehr und mehr zur Ruhe kommen. Deine Konzentration bleibt dabei auf den Atem gerichtet. Beobachte, welche Gedanken noch da sind und nicht zur Ruhe kommen möchten. Erkenne, dass es sich um Gedankenfragmente aus längst vergangener Zeit handelt, die keine wirkliche Rolle mehr in deinem Leben spielen.
> Sei ein neutraler Beobachter und lass die Gedanken aufsteigen und vorbeiziehen, ohne sie zu bewerten, gib keine Energie hinein. Achte dabei weiterhin immer auf deinen tiefen und ruhigen Atem.
> Stelle dir nun vor, du sitzt an einem Strand und über dem Meer geht groß eine goldene Sonne auf. Lass ihre wärmenden Strahlen in dein Herz und erkenne, welch wunderbarer Mensch du bist.
> Spüre die wärmende Liebe in deinem Herzen, verspüre Dankbarkeit für dein Leben.

> Bitte die geistige Welt durch ein inneres Gebet um Mithilfe beim Loslassen und Umwandeln der blockierenden Muster.
> Lächle dich innerlich an und spüre, welch wunderbarer, vollwertiger, liebenswerter und erwachsener Mensch du bist, der selbst für sich sorgen kann und sich nicht mehr von überholten kindlichen Überlebensstrategien leiten lassen muss.
> Nimm dich in einem entspannten und glücklichen Zustand wahr und halte ihn aufrecht, solange du willst. Wenn du dann dazu bereit bist, komme wieder in das reale Leben zurück.
> Achte von jetzt an immer auf einen ruhigen Atem und auf positive Gedanken, denn sie erzeugen positive Gefühle.

. . . .

Meditation »Seelenschutz«

> Setze dich bequem und aufgerichtet hin.
> Entspanne langsam deinen Körper von unten nach oben.
> Schließe die Augen und nimm dir Zeit für einige tiefe Atemzüge. Folge deinem tiefen Atem und lass beim Einatmen den Atem tiefer in die Bauchgegend hineinfließen, sodass du spüren kannst, wie sich die Bauchdecke leicht nach außen wölbt. Nimm wahr, wie sich beim Ausatmen die Bauchdecke sanft zurückzieht und du mit all deinen Gedanken bei deinem harmonischen Atemrhythmus bist.
> Atme also tief ein und aus und sei ganz im Hier und Jetzt, in deiner friedvollen, liebevollen Kraft, denn in dieser liegt dein wahrer Schutz.

> Mögen deine Mundwinkel dabei lächelnd leicht nach oben gehen und mögest du viel Liebe in dir erfahren.
> In dieser liebevollen Präsenz folge deinem Atem und frage dein Herz: »Gibt es in meinem Leben einen Konflikt, der gelöst werden will?«
> Bleibe bei dieser Frage ruhig und gleichmütig, wie ein guter Beobachter.
> Sobald etwas in dir hochkommt, nimm deine heilsamen Hände in betender Haltung vor dem Brustraum zusammen. Stelle dir dabei vor, wie durch deine innere Ruhe universelle Heilkraft in dir strömt. Das göttliche unendliche goldene Licht fließt von der himmlischen Höhe nach unten zu dir in dein Scheitelchakra und dann in dein Herzchakra hinein. Erlebe dich im goldenen Licht eingehüllt, beschützt und in deiner Balance ruhend.
> Stelle dir nun einen leuchtenden Engel vor und übergib ihm vertrauensvoll deine Bitte:

»Liebe lichtvolle, geistige Welt, ich bitte um heilendes Licht für mein Anliegen, das mich heute besonders beschäftigt. Möge das Licht in mir sowie bei allen Beteiligten die Dinge so heilen und erlösen, wie es für alle sinn- und lichtvoll ist.«

> Nun atme tief durch und stelle dir vor, wie das heilsame leuchtende goldene Licht des Engels sich über dir sowie über deine Angelegenheit ergießt und in Licht und Frieden alles erhellt.
> Nimm wahr, wie du dich fühlst. Fühlst du dich freier, ruhiger, heller, stärker? Spürst du inneren Schutz, die besagte innere Kraft in dir, mit himmlischer Unterstützung alles zu meistern? Denn deine Seele ist göttlich und stark, wissend und weise.

> Spüre viel Liebe in dir und sprich innerlich mit Gefühl:
  »Ich liebe mich. Die Liebe ist meine Heimat. Die Liebe ist mein
  wahrer Schutz.«
> Schöpfe aus dieser liebevollen Besinnung so viel Kraft, wie
  du brauchst, und wenn du soweit bist, kehre in dein Tagesgeschehen zurück.
> Mögen himmlischer Schutz und himmlische Führung dich
  in allem begleiten und mögest du in deiner Achtsamkeit dies
  stets erkennen.

Was ich dir zum Schluss noch sagen möchte

Bewahre Ruhe und Gelassenheit in allem.
Achte stets auf einen bewussten, harmonischen Atem.
Genieße die Natur und verlangsame dabei deine Schritte.
Denn ein bewusster Aufenthalt in der Natur unter
Einbeziehung aller Sinne bringt Ruhe und macht glücklich.
Denn dort befindest du dich in einer absichtslosen Haltung
und frei von jeglichem Leistungsdruck. Dort kannst du
dich fallen lassen, inneren Frieden finden und dich erholen.
In der Erfahrung einer beseelten Welt kommen wir
zurück zu unserem Ursprung, zurück zu unserer Seele,
zu Gelassenheit und innerer Ruhe.

Aus der Bhagavad Gita stammt folgendes Zitat: »Wer es versäumt, der Ordnung dieser Welt durch seine Werke beizustehen und nur an seinen Vorteil denkt, der lebt umsonst.«

In Anbetracht unseres Lebenssinns der All-Liebe kann ich diesen Worten absolut zustimmen. Im Diesseits wie im Jenseits kommt es immer auf uns selbst an, auf unsere mentale Einstellung. Unsere Liebe muss so stark sein, um über allen Konditionierungen zu stehen. Das ist auch die Bewusstseinskraft der neuen Zeit, die Seelenqualität und innere Stärke, die uns in herausfordernden Zeiten stark sein lässt.

Auch meine Erfahrungen, die viel mit Nahtod zu tun haben, sowie Erkenntnisse aus meiner Hellsichtigkeit haben gezeigt, dass der Sinn des Lebens stets das Empfinden der immer tiefer gehenden Liebe ist. Darauf habe ich mein ganzes Leben wie auch mein spirituelles Wirken ausgerichtet.

Die bedingungslose Liebe zum Leben spiegelt sich im Göttlichen wider. Gott ist keine strafende Wesenheit im Außen, sondern ein erhöhter Bewusstseinszustand der Liebe in uns selbst, eine universelle Verbundenheit.

Je mehr wir unser Herz für Liebe und Frieden in uns öffnen, umso mehr gewinnen wir an Stärke, Nachsicht, Weisheit und erhalten auch einen verstärkten Zugang zu unseren Talenten. Dann können wir auch verstehen, dass wir die Liebe im Außen nur finden und in dem Maße annehmen können, wie sie bereits in uns angelegt ist. Wir finden dann zu unserem spirituellen Wesenskern, der besagt: »Wie im Innen, so auch im Außen.« Aus dieser bewussten kraftvollen Verbundenheit mit uns selbst kommen wir dann in eine liebevolle Resonanz mit der Umwelt und sehen da Chancen, wo wir früher Probleme sahen.

Ganz gleich, welche Vergangenheit wir hatten und welche Lebensumstände wir heute haben: Ein jeder hat seinen eigenen Zugang zur Liebe. Unsere vergangenen Erfahrungen prägen uns, doch erst unsere Entscheidungen in der Gegenwart machen uns zu dem, wer wir wirklich sind. Deshalb ist es so wichtig, nicht in eine Ohnmacht zu verfallen, ebenso, nicht in Schwäche zu verharren, sondern stets hoffnungsvoll vorwärts zu gehen. Wir sollten uns daran erinnern, dass wir zwar das verletzte innere Kind in uns tragen, doch es gibt auch das glückliche innere Kind in uns, schließlich haben wir auch sehr schöne Erfahrungen gemacht, auch wenn sie uns nicht immer gegenwärtig sind. In unserem Urkern schlummert unsere göttliche Seele, die alles überwinden kann und will, die alles übersteht. Je mehr wir auf unsere positive Macht und Schöpferkraft zurückgreifen, umso lichtvoller erscheint unser Alltag. Es ist wichtig, dass wir täglich eine liebevolle und bewusste Beziehung zu uns selbst aufbauen, indem wir jeden Tag bereit sind, uns ein wenig Zeit für uns selbst zu nehmen. So gelangen wir verstärkt zu der Bewusstheit, dass wir alle mit der kosmischen Urkraft verbunden sind. In uns allen pulsiert die Kraft der Liebe in unserer göttlichen Seele. Und so möchte ich dir empfehlen, heilsame Rituale in den Alltag zu integrieren, um der Flut an negativen Nachrichten, die uns täglich erreichen, auch etwas Lichtvolles entgegenzusetzen. Denn dies nährt deine Seele, führt zu gelebter Liebe und zu gelebter, erfüllender, bodenständiger Spiritualität.

Je mehr wir Liebe in uns spüren und diese in die Welt bringen, umso mehr wird sich das Böse auf der Welt verringern! Für diese Aufgabe müssen wir für unsere liebevolle Menschlichkeit einstehen, dies kann kein Gott oder Engel für uns übernehmen. Denn die geistige Welt greift niemals in das menschliche Geschehen und unseren freien Willen ein! So ist es unsere eigene Entscheidung, ob wir in unserem Leben eher von Angst und Aggression beherrscht werden oder die Liebe und Hingabe leben.

Menschen, die ihre Verantwortung gern abgeben möchten und fragen »Wo war denn mein Schutzengel, als ich ihn gebraucht habe?«, sollten sich eher fragen: »War der Schutzengel da und ich war nicht offen für seine Botschaft?« Und diejenigen, die fragen: »Wo ist denn Gott bei allem, was geschieht?«, sollten sich eher fragen: »Wo ist das liebevolle Bewusstsein der Menschen, welches in all den Geschehnissen benötigt wird?« Im Weltgeschehen sind wir alle mit unserer liebevollen Kraft gefordert, jeder Einzelne.

Durch meine stark ausgeprägte Hellsichtigkeit obliegt mir sicherlich eine ganz besondere Aufgabe, die Menschen über den Kosmos und über universelle Gesetze aufzuklären und das individuelle Bewusstsein zu fördern. Doch bei all meinen Ausführungen geht es mir niemals darum, jemanden zu bevormunden, sondern darum, zu inspirieren. Mir geht es auch niemals darum, andere Menschen in irgendeine Richtung zu lenken, sondern sie in ihrer Kraft, in ihrer Liebe und Eigenverantwortung zu fördern. Denn die Zeiten, in denen dogmatische Autoritäten sagten, was richtig und falsch ist, gehen immer mehr zu Ende. Wir leben heute in einem Zeitalter der starken Individualität, des erwachenden Bewusstseins.

So sollten wir uns in ein neues Selbstbewusstsein hineinbegeben, in ein neues erhöhtes Bewusstsein, wo jeder Mensch immer mehr begreifen kann, dass es um persönliche liebevolle Werte geht. In unseren Herzen können wir zu individuellen Inspirationen und einzigartigen Lösungen in all unseren Belangen gelangen, für unseren Beruf, unsere Talente, Beziehungen und auch in unserem Selbstvertrauen wachsen. Wenn wir bereit sind, Antworten in uns selbst zu finden, so leben wir unsere Spiritualität, unseren Seelenplan und hinterlassen einen einzigartigen liebevollen Fußabdruck in dieser Welt. Und jeder tut dies auf eine bestimmte Art und Weise, auch wenn es beim einen vielleicht offensichtlicher ist als beim anderen.

Jede Inkarnation hat ihren Sinn und ihren übergeordneten Wert. Keine Inkarnation ist verpatzt, auch wenn man scheinbar von der Liebe weit entfernt ist. Deshalb geht jeder Mensch durch seinen eigenen Prozess, selbst wenn er ihn erst im Jenseits in der Selbstreflexion begreift, um es in einem nächsten Leben intensiver anzugehen. Denn was ist schon die Zeit einer Inkarnation im Vergleich zur Unendlichkeit! Wir sollten das Ganze viel flexibler betrachten und viel weniger beurteilen und verurteilen. Ob liebevoll oder ängstlich, ob leistungsstark oder leistungsschwach, es ist, wie es ist, sagt die Liebe. Wichtig ist allein, dass der einzelne Mensch im Leben auf seine Weise zurechtkommt.

Alles liegt in uns, alles ist möglich, nichts ist starr, auch die Zukunft nicht. Die Zukunft ist eine Schwingung, die sich fortlaufend aus uns heraus entwickelt. Die Energie folgt unseren Gedanken und aus dieser Resonanz entsteht die Realität. Wir können jeden einzelnen Moment verändern, indem wir unsere Haltung verändern und verstehen, dass wir jederzeit in unserer Schöpferkraft sind, indem wir unsere Selbstermächtigung verinnerlichen! Es ist nicht wichtig, was irgendwann in der Zukunft passieren wird. Wichtig ist, dass wir jetzt bereits unseren Seelenplan leben, indem wir uns in uns selbst und in unserem Leben wohlfühlen und damit unserem Herzen folgen. So können der innere Frieden und die Selbstliebe in uns wachsen. So kann es geschehen, dass sich immer mehr Menschen in Liebe entwickeln und es schließlich keine Kriege mehr geben wird. Denn die evolutionäre Entwicklung der Menschheit geht vor allem im Mitgefühl voran, sodass immer mehr Liebe in allen Lebensbereichen Einzug halten kann. Das wichtigste im Leben ist es, ein gütiger und liebevoller Mensch zu sein!

Hinweise zur Autorin

Beim Schreiben dieses Buches bin ich vor allem aus dem Jenseits von meinem verstorbenen Freund Alex inspiriert worden, aber auch von vielen Fragen der Menschen, die mir in meinen Vorträgen, Lehrgängen, Seminaren, Engelbotschaften, in meinen Online-Kursen bei sinnsucher.de begegnet sind, sowie Fragen aus den Interviews zu dem Film »Wiedergeburt – Deine Seele ist unsterblich!«.

Kontakt
Jana Haas
www.jana-haas.com
Tel. 0041 71 670 11 78
Fax 0041 71 670 11 80

Bisher erschienene Werke von Jana Haas

Engel und die Neue Zeit. Berlin: Allegria, 2008.

Engelkarten: 44 Lichtbotschaften mit Anleitung. Berlin: Allegria, 2008.

Heilung mit der Kraft der Engel. München: Knaur, 2009.

Erzengel und das neue Zeitalter. München: Knaur, 2009.

Schutzengel: Wie uns die himmlischen Begleiter zur Seite stehen. München: Knaur, 2010.

Meditations-CD: Schutzengel. München: Knaur, 2010.

Fragen an Gott und die Engel. Berlin: Allegria, 2011.

Jenseitige Welten: Die Reise der Seele ins Licht. München: Knaur, 2012.

Himmlisches Wissen. München: Knaur, 2013.

Der Seelenplan. Was unser Schicksal bestimmt. München: Trinity, 2014.

Heilen mit der Göttlichen Kraft. Aktiviere deine inneren Heilkräfte mit Cosmogetic Healing©. München: Trinity, 2015.

Das Geheimnis einer erfüllten Partnerschaft. München: Trinity, 2016.

Dem Weg des Herzens folgen. München: Trinity, 2017.

Das Mysterium der Bäume. München: Trinity, 2018.

Jana Haas – Kinderhilfe in Russland e. V.

Vorrangiges Ziel des gemeinnützigen Vereins ist es, behinderten Kindern in Russland, die dort keine Lebensperspektiven haben, ein besseres und menschenwürdiges Leben zu ermöglichen. Wir sind auf Spenden angewiesen. Alle eingehenden Spenden gelangen zu 100 Prozent ohne jeglichen Abzug, zu den Empfängern.

Näheres unter: www.janahaas-kinderhilfe.de
Spendenkonto bei der Sparkasse Bodensee:

Jana Haas – Kinderhilfe in Russland e. V.
Konto-Nr.: 24 66 28 01
BLZ: 690 500 01
IBAN: DE79 6905 0001 00 24662801
SWIFT-BIC: SOLADES1KNZ
Jana Haas – Kinderhilfe in Russland e.V.
Hubenmühle 4
D-88634 Herdwangen-Schönach